看图学汽车构造与原理

KANTUXUE QICHE GOUZAO YU YUANLI

杨智勇　主编

化学工业出版社

·北京·

内容简介

本书以图解和专业名词中英文对照的形式，系统地介绍了汽车的基本结构和简单的工作原理。本书共分5章，内容包括总论、发动机、底盘、汽车电气设备和新能源汽车。

本书图文并茂、简明实用、通俗易懂、可读性强，可作为参考书和工具书，适合汽车爱好者、汽车驾驶员、汽车销售人员、汽车维修人员、汽车技术人员及汽车相关专业的师生阅读与参考。

图书在版编目（CIP）数据

看图学汽车构造与原理/杨智勇主编. —北京：化学工业出版社，2021.2
ISBN 978-7-122-38410-2

Ⅰ.①看… Ⅱ.①杨… Ⅲ.①汽车-构造-图解 Ⅳ.①U463-64

中国版本图书馆CIP数据核字（2021）第018950号

责任编辑：周　红
文字编辑：张燕文
责任校对：王　静
装帧设计：尹琳琳

出版发行：化学工业出版社
　　　　　（北京市东城区青年湖南街13号　邮政编码100011）
印　　装：北京瑞禾彩色印刷有限公司
787mm×1092mm　1/16　印张18$\frac{1}{2}$　字数447千字　2021年5月北京第1版第1次印刷

购书咨询：010-64518888
售后服务：010-64518899
网　　址：http://www.cip.com.cn

凡购买本书，如有缺损质量问题，本社销售中心负责调换。

定　　价：99.00元　　　　　　　　版权所有　违者必究

前言

汽车已经融入我们的生活，成为日常生活中不可缺少的一部分。汽车专业技术人员、汽车爱好者甚至是小朋友，都对汽车结构充满了浓厚兴趣。笔者在从事汽车专业教学工作的同时，还从事了二十余年的汽车专业教材和汽车专业图书的编写工作，在工作过程中收集了大量精美的与汽车构造相关的图片。为使广大汽车行业从业人员以及汽车爱好者全面系统地学习和了解汽车构造与原理的基础知识，特编写本书。

本书以图解和专业名词中英文对照的形式，从读者的爱好与兴趣出发，以读者需求为导向，以便于掌握汽车基本知识为目标，在编写过程中，注重新结构、新技术、新知识的介绍，突出针对性和实用性，围绕汽车爱好者所关心的问题，讲解汽车的基本结构和简单的工作原理。本书可作为工具书，使读者在学习汽车专业知识的过程中，满足学习汽车专业英语的需求。

全书共分5章，内容包括总论、发动机、底盘、汽车电气设备、新能源汽车。本书按照汽车结构特点编写，与汽车类专业规划教材的分类相对应，以目前市场上主流车型的清晰、彩色的汽车构造透视图、分解图、原理图、解剖图及线描图等立体图为主，配以画龙点睛式的文字描述，全面展示了汽车的构造与工作原理，以图示化、图形化的直观简捷形式力求使读者特别是初学者能够更加直观、清楚地了解汽车的构造、原理以及工作过程。

本书是一本体现"互联网+教育"理念的汽车专业书籍。书中对重点知识配备了视频，读者可通过手机等移动终端扫描二维码观看，实现从抽象思维到形象思维的转变，有效提高阅读兴趣。

本书图文并茂、简明实用、通俗易懂、可读性强，可作为参考书和工具书，适合汽车爱好者、汽车驾驶员、汽车销售人员、汽车维修人员、汽车技术人员及汽车相关专业的师生阅读和参考。

本书由辽宁省交通高等专科学校杨智勇任主编，英国利兹大学杨泽宇、沈阳市于洪区诚惠修行汽车服务中心惠怀策任副主编，参加编写的还有沈阳和昊汽车销售服务有限公司季成久、鞍山和佳汽车销售服务有限公司贾宏波等。在编写过程中，参考了相关书籍、期刊和网站资料，在此对其作者深表感谢。

由于作者水平所限，书中难免有不妥之处，敬请读者批评指正。

编　者

PART 1

第1章 总论 / 001

1.1 汽车的类型 / 002
1.2 汽车的总体构造 / 003
1.3 汽车的总体布置形式 / 004
1.4 汽车的主要技术参数 / 006
1.5 车辆识别代码 / 008

PART 2

第2章 发动机 / 010

2.1 发动机的类型、工作原理和总体构造 / 011
 2.1.1 发动机的类型 / 011
 2.1.2 四冲程发动机工作原理 / 016
 2.1.3 二冲程发动机工作原理 / 019
 2.1.4 发动机的总体构造 / 020
 2.1.5 发动机专业术语 / 022

2.2 曲柄连杆机构 / 023
 2.2.1 概述 / 023
 2.2.2 机体组 / 025
 2.2.3 活塞连杆组 / 035
 2.2.4 曲轴飞轮组 / 040
 2.2.5 平衡轴 / 044

2.3 配气机构 / 046
 2.3.1 概述 / 046
 2.3.2 气门组 / 049
 2.3.3 气门传动组 / 050
 2.3.4 配气机构的零件 / 053
 2.3.5 气门间隙 / 056
 2.3.6 配气相位 / 058
 2.3.7 可变气门正时与可变气门升程 / 059
 2.3.8 典型车型可变气门正时与可变气门升程技术 / 061

2.4 润滑系统 / 066
 2.4.1 润滑系统的功用 / 066
 2.4.2 润滑系统的组成 / 067
 2.4.3 润滑系统的润滑油路 / 068
 2.4.4 润滑系统主要零部件 / 070

2.5 冷却系统 / 073
 2.5.1 概述 / 073
 2.5.2 冷却系统的组成 / 074
 2.5.3 冷却系统的工作原理 / 075
 2.5.4 新型冷却系统 / 076

目录

2.6 发动机电控燃油喷射系统 / 078
2.6.1 发动机电控燃油喷射系统的组成 / 078
2.6.2 发动机电控系统主要部件 / 080
2.6.3 发动机燃油双喷系统 / 085

2.7 进、排气系统 / 089
2.7.1 进气系统 / 089
2.7.2 涡轮增压器 / 094
2.7.3 曲轴箱强制通风装置 / 097
2.7.4 排气系统 / 102

2.8 柴油发动机电控系统 / 104
2.8.1 高压共轨系统 / 104
2.8.2 柴油机SCR系统 / 106

PART 3

第3章 底盘 / 108

3.1 认识底盘 / 109
3.1.1 底盘的基本组成 / 109
3.1.2 底盘的总体构造 / 110

3.2 传动系统 / 114

3.2.1 离合器 / 114
3.2.2 手动变速器 / 123
3.2.3 自动变速器 / 138
3.2.4 无级变速器 / 148
3.2.5 双离合自动变速器 / 151
3.2.6 万向传动装置 / 160
3.2.7 驱动桥 / 164

3.3 行驶系统 / 170
3.3.1 车桥 / 170
3.3.2 车架与悬架 / 176
3.3.3 车轮与轮胎 / 192

3.4 转向系统 / 195
3.4.1 转向系统的功用与组成 / 195
3.4.2 转向系统的类型 / 196
3.4.3 转向器 / 199
3.4.4 转向操纵机构 / 203
3.4.5 电动转向助力系统的工作原理 / 204
3.4.6 四轮转向系统 / 207

3.5 制动系统 / 210
3.5.1 制动系统功用与组成 / 210
3.5.2 制动系统主要部件 / 211
3.5.3 ABS防抱死制动系统 / 217
3.5.4 ESP电子稳定程序系统 / 218

PART 4

第4章 汽车电气设备 / 220

4.1 汽车电气设备的组成 / 221
4.2 电源部分 / 222
- 4.2.1 蓄电池 / 223
- 4.2.2 交流发电机 / 224

4.3 启动系统 / 226
- 4.3.1 启动系统的功用与组成 / 226
- 4.3.2 起动机的组成与结构 / 227
- 4.3.3 减速起动机 / 230

4.4 点火系统 / 231
- 4.4.1 点火系统的组成 / 231
- 4.4.2 点火系统的主要部件 / 232

4.5 照明与信号系统 / 234
- 4.5.1 照明与信号系统的组成 / 234
- 4.5.2 前照灯 / 235

4.6 仪表与报警系统 / 237
- 4.6.1 仪表盘 / 237
- 4.6.2 报警灯 / 238
- 4.6.3 新能源汽车仪表盘 / 238

4.7 空调系统 / 240
- 4.7.1 概述 / 240
- 4.7.2 空调系统的组成 / 241
- 4.7.3 空调制冷系统基本工作原理 / 242
- 4.7.4 空调压缩机 / 243

4.8 安全气囊 / 244
- 4.8.1 概述 / 244
- 4.8.2 安全气囊的组成 / 245

4.9 车载网络系统 / 247
- 4.9.1 数据总线的布置 / 247
- 4.9.2 数据总线的组成 / 248

4.10 汽车辅助电气系统 / 249
- 4.10.1 汽车线束 / 249
- 4.10.2 继电器 / 251

PART 5

第5章 新能源汽车 / 252

5.1 混合动力汽车 / 253
- 5.1.1 混合动力汽车基本组成 / 253
- 5.1.2 全混合动力驱动系统的类型 / 258
- 5.1.3 混合动力系统CAN总线网络 / 262
- 5.1.4 混合动力系统的部件 / 264
- 5.1.5 广州本田混合动力系统 / 267
- 5.1.6 丰田THS混合动力系统 / 270

5.2 纯电动汽车 / 272
- 5.2.1 纯电动汽车基本组成 / 272
- 5.2.2 纯电动汽车高压部件 / 277

5.3 燃料电池汽车 / 282
- 5.3.1 燃料电池汽车基本组成 / 282
- 5.3.2 丰田 Mirai 氢燃料汽车结构 / 283
- 5.3.3 大众燃料电池汽车结构 / 284
- 5.3.4 燃料电池的原理 / 287

视频索引 / 288
参考文献 / 289

PART 1

第1章 总论

1.1 汽车的类型
1.2 汽车的总体构造
1.3 汽车的总体布置形式
1.4 汽车的主要技术参数
1.5 车辆识别代码

1.1 汽车的类型

汽车按用途不同可分为轿车、客车和货车等。具体车型包括微型车、普通轿车、敞篷车、高级轿车、多用途汽车（SUV）、越野汽车、客车和货车等（图1-1-1）。

微型车
microcar

普通轿车
subcompact car

敞篷车
roadster

高级轿车
limousine car

多用途汽车
sport utility vehicle

越野汽车
cross-country vehicle

客车
bus

货车
truck

图 1-1-1　汽车的类型

1.2 汽车的总体构造

汽车通常由发动机、底盘、电气设备和车身四部分组成（图1-2-1）。

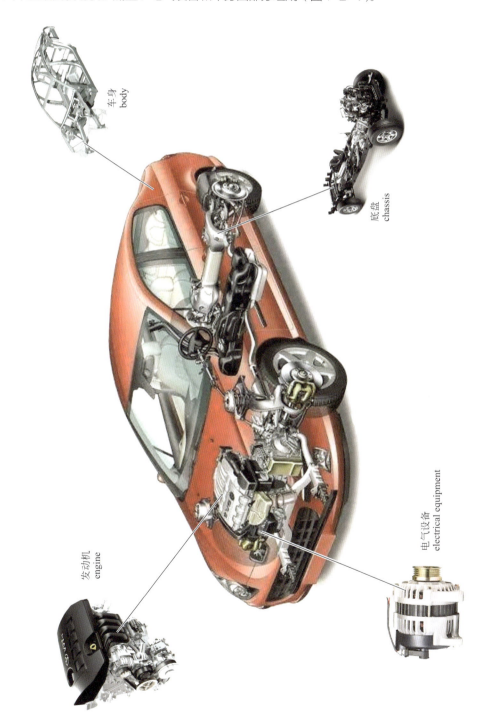

图 1-2-1 汽车的总体构造

1.3 汽车的总体布置形式

当代汽车按发动机相对于各总成位置的不同，可分为五种总体布置形式（图1-3-1）。

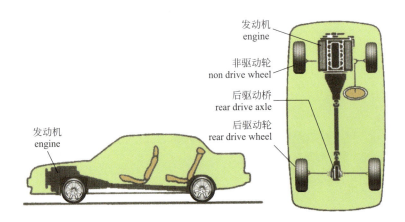

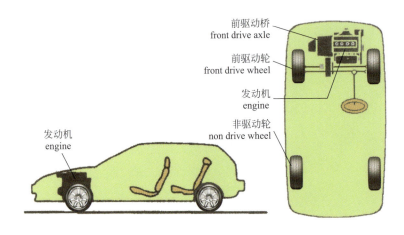

图 1-3-1　汽车的总体布置形式

1.3 汽车的总体布置形式

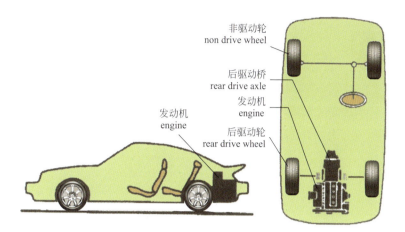

后置后驱
rear engine rear wheel drive

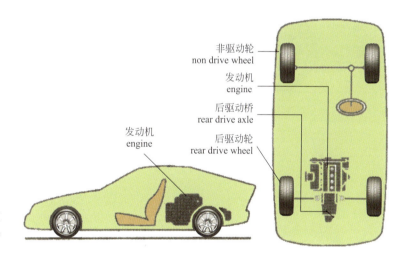

中置后驱
middle engine rear wheel drive

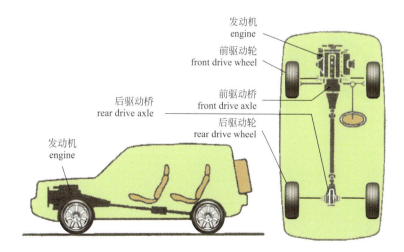

前置四驱
front engine four wheel drive

1.4 汽车的主要技术参数

汽车的主要技术参数一般包括车长、车高、车宽、轴距、前悬、后悬、最小离地间隙、涉水深度、接近角、离去角等（图1-4-1）。

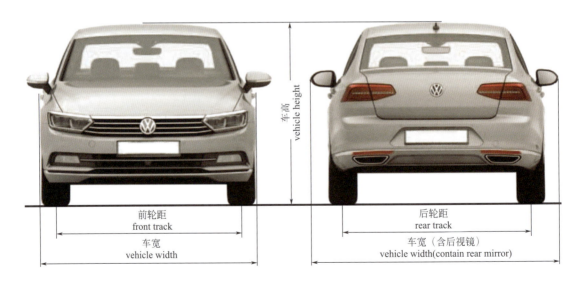

图 1-4-1　汽车的主要技术参数

1.4 汽车的主要技术参数

最小离地间隙 minimum ground clearance

涉水深度 wading depth

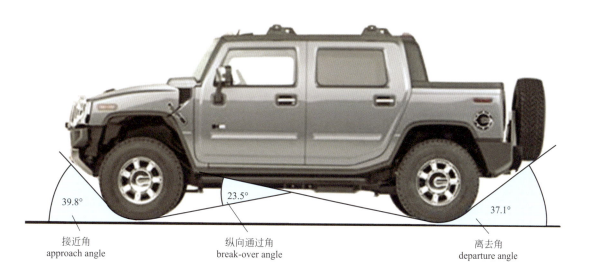

39.8° 接近角 approach angle

23.5° 纵向通过角 break-over angle

37.1° 离去角 departure angle

1.5 车辆识别代码

车辆识别代码（Vehicle Identification Number，VIN码），是国际上通行的标识机动车辆的代码，由三部分共17位字母和阿拉伯数字组成，简称17位编码，也称为车架号。

VIN码通常打印在一处或几处，其中最常见的位置是在前挡风玻璃左下方（图1-5-1）。

VIN码的含义如图1-5-2所示。

图 1-5-1　VIN 码的常见位置

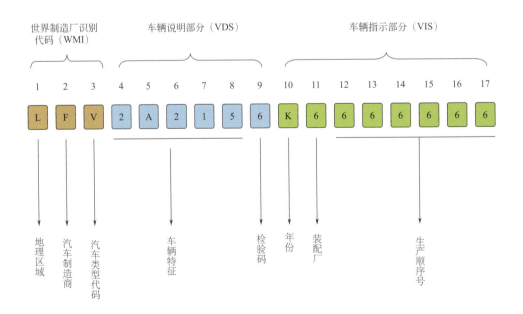

图 1-5-2　VIN 码的含义

VIN 码中第 10 位代码与年份对照表见表 1-5-1。

表 1-5-1 VIN 码中第 10 位代码与年份对照表

年份	代码	年份	代码	年份	代码	年份	代码
1991	M	2001	1	2011	B	2021	M
1992	N	2002	2	2012	C	2022	N
1993	P	2003	3	2013	D	2023	P
1994	R	2004	4	2014	E	2024	R
1995	S	2005	5	2015	F	2025	S
1996	T	2006	6	2016	G	2026	T
1997	V	2007	7	2017	H	2027	V
1998	W	2008	8	2018	J	2028	W
1999	X	2009	9	2019	K	2029	X
2000	Y	2010	A	2020	L	2030	Y

PART 2

第2章 发动机

2.1 发动机的类型、工作原理和总体构造
2.2 曲柄连杆机构
2.3 配气机构
2.4 润滑系统
2.5 冷却系统
2.6 发动机电控燃油喷射系统
2.7 进、排气系统
2.8 柴油发动机电控系统

2.1 发动机的类型、工作原理和总体构造

2.1.1 发动机的类型

（1）按燃料划分

以汽油为燃料的发动机称为汽油发动机（图2-1-1）。

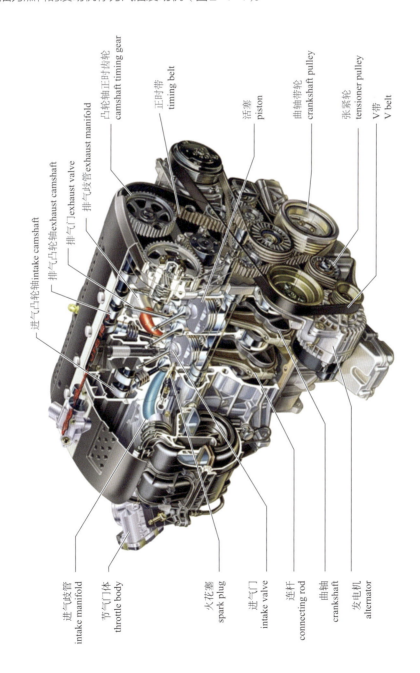

图2-1-1 汽油发动机

以柴油为燃料的发动机称为柴油机（图2-1-2）。

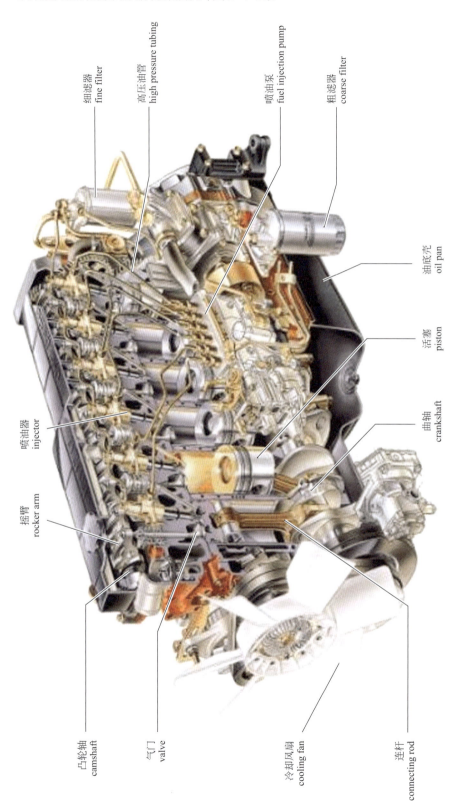

图2-1-2　柴油发动机

2.1 发动机的类型、工作原理和总体构造

（2）按气缸布置划分

直列发动机（图2-1-3）结构简单，所有气缸均排成一个平面，使用一个气缸盖，尺寸紧凑，制造成本较低，低速转矩大，应用比较广泛。其缺点是功率较低。"直列"可用L代表，后面加上气缸数就是发动机代号，当代汽车上主要有L3、L4、L5、L6几种类型的发动机。

图 2-1-3　直列发动机

V形发动机（图2-1-4）是将所有气缸分成两组，把相邻气缸以一定的夹角布置在一起，使两组气缸形成两个有一定夹角的平面。

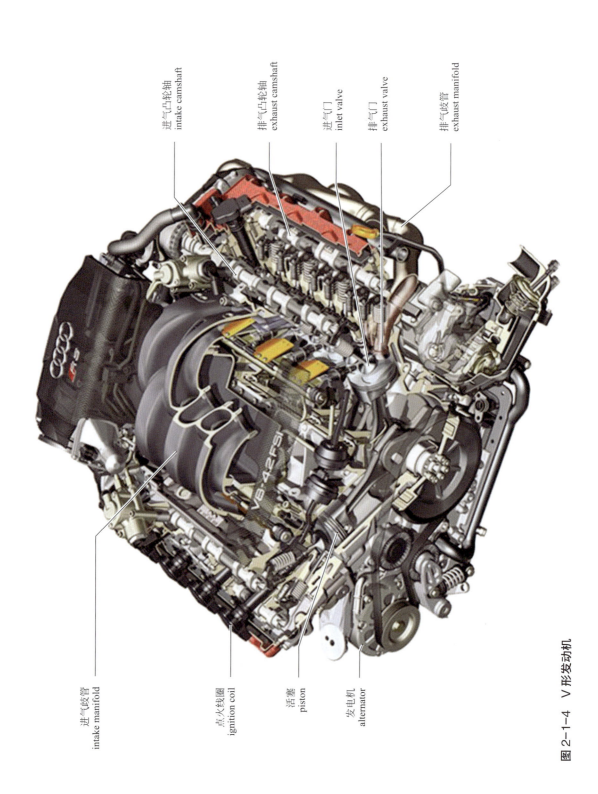

图2-1-4　V形发动机

2.1 发动机的类型、工作原理和总体构造

W形发动机（图2-1-5）是德国大众专属发动机技术。将V形发动机的每侧气缸再次小角度错开（如帕萨特W8的小角度为15°），就成了W形发动机。或者说W形发动机的气缸排列形式是由两个小V形组成一个大V形。严格说来W形发动机应属V形发动机的变种。

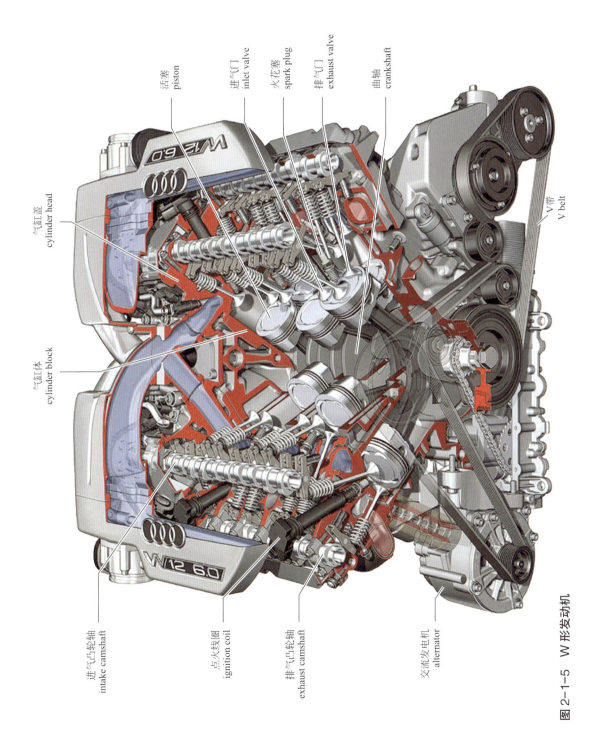

图2-1-5　W形发动机

水平对置发动机（图2-1-6）也称H形发动机，这也是一种多列式的发动机布局，同普通的V形发动机一样，其结构几乎一样，只是两侧气缸之间的夹角扩展到了180°，也就是说两侧气缸完全呈反方向布局，这也符合H这个字母的结构，通俗来说，H形发动机其实就是V形发动机把两侧的气缸彻底放平了。其缺点是发动机会非常宽。

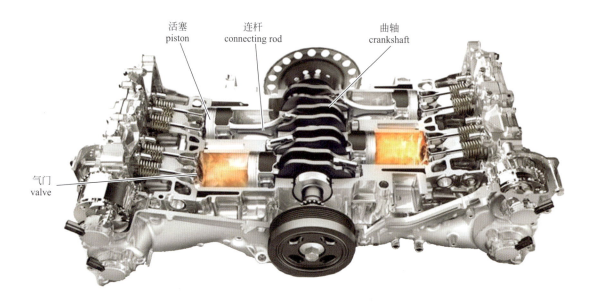

图 2-1-6 水平对置发动机

2.1.2 四冲程发动机工作原理

四冲程发动机是指曲轴转两周（720°），进、排气门各开启一次，活塞往复运动四次完成由进气、压缩、做功和排气四个过程组成的一个工作循环的发动机。

（1）四冲程汽油机工作原理

四冲程汽油机工作原理如图2-1-7所示。

① 进气行程时，活塞在曲轴带动下由上止点向下止点移动。排气门关闭，进气门开启，将空气或混合气吸入气缸。

② 压缩行程时，活塞在曲轴的带动下由下止点向上止点运动，进、排气门均关闭，气缸的工作容积不断减小，进入气缸的混合气受到压缩。

③ 做功行程是当活塞运动接近压缩行程上止点，进、排气门均关闭，火花塞点燃气缸内被压缩的混合气，高温高压气体膨胀，推动活塞从上止点向下止点运动，并通过连杆推动曲轴旋转输出机械能。

④ 排气行程是指将已燃烧且完成做功的废气排出气缸的过程。排气行程开始，排气门开启，进气门仍关闭，活塞由下止点移至上止点，气缸内的废气经排气门排出气缸外。

2.1 发动机的类型、工作原理和总体构造

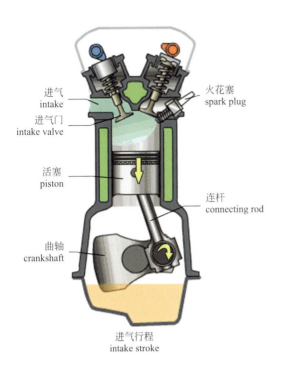

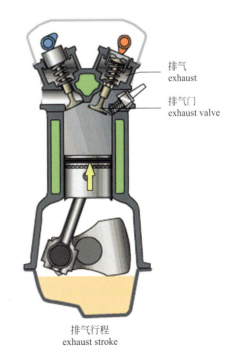

图 2-1-7 四冲程汽油机工作原理

（2）四冲程柴油机工作原理

四冲程柴油机工作原理如图2-1-8所示。

四冲程柴油机与汽油机一样，每个工作循环同样包括进气、压缩、做功和排气四个行程。但由于柴油机使用的是柴油，其黏度比汽油的大，不易蒸发，自燃温度比汽油的低，因此柴油机在着火方式上不同于汽油机，柴油机的可燃混合气压缩后是自燃着火的，不需要点火。

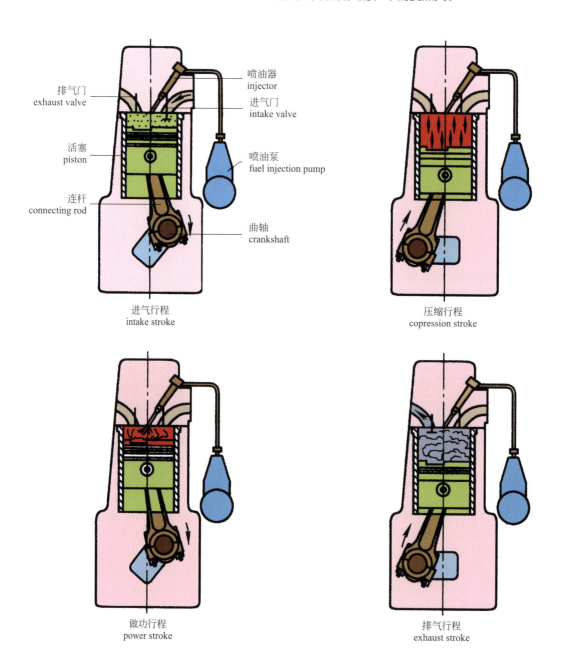

图2-1-8　四冲程柴油机工作原理

2.1.3 二冲程发动机工作原理

二冲程发动机气缸体上有三个孔,即进气孔、排气孔和换气孔,工作循环包含两个行程,即压缩/进气行程和燃烧/排气行程(图2-1-9)。

第一行程:压缩/进气行程。活塞向上运动,将三孔都关闭,活塞上部开始压缩。当活塞继续向上运动时,活塞下方进气孔被打开,可燃混合气进入曲轴箱内。

第二行程:燃烧/排气行程。当活塞接近上止点时,火花塞产生电火花点燃混合气,混合气燃烧膨胀产生巨大的热能推动活塞向下运动。进气孔关闭,曲轴箱的可燃混合气被压缩,当活塞接近下止点时,排气孔打开,废气排出。

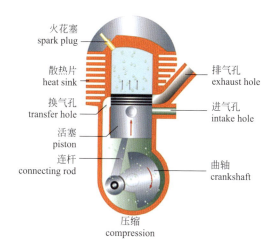

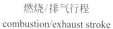

图 2-1-9 二冲程发动机工作原理

2.1.4 发动机的总体构造

汽油机（图2-1-10）主要由两大机构、五大系统组成。两大机构指曲柄连杆机构和配气机构，五大系统指燃料供给系统、冷却系统、润滑系统、点火系统和启动系统。

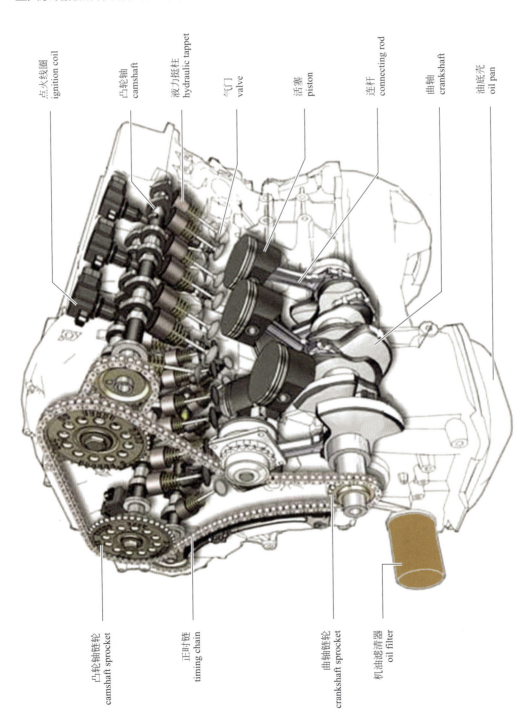

图2-1-10 汽油机

汽油机的分解如图2-1-11所示。

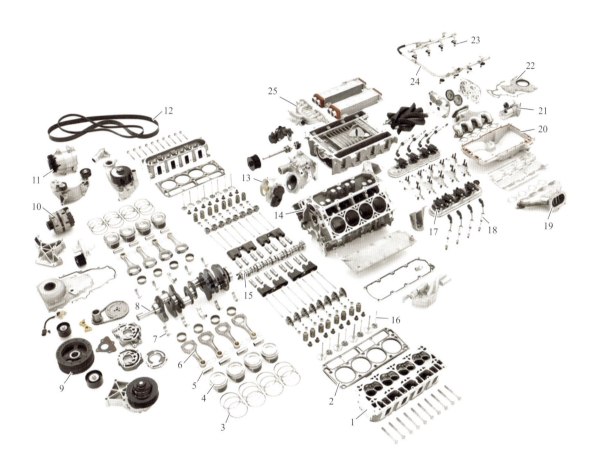

图2-1-11 汽油机的分解

1—气缸盖（cylinder head）；2—气缸垫（cylinder gasket）；3—活塞环（piston ring）；4—活塞（piston）；5—活塞销（piston pin）；6—连杆（connecting rod）；7—曲轴主轴承（crankshaft main bearing）；8—曲轴（crankshaft）；9—曲轴V带轮（crankshaft V—belt pulley）；10—交流发电机（alternator）；11—空调压缩机（air conditioning compressor）；12—V带（V belt）；13—节气门体（throttle body）；14—气缸体（cylinder block）；15—凸轮轴（camshaft）；16—气门（valve）；17—点火线圈（ignition coil）；18—高压线（high voltage line）；19—排气歧管（exhaust manifold）；20—油底壳（oil pan）；21—起动机（starter）；22—曲轴后油封（crankshaft rear oil seal）；23—喷油器（injector）；24—进油管（intake pipe）；25—进气歧管（intake manifold）

2.1.5 发动机专业术语

发动机专业术语如图2-1-12所示。

① 上止点：是指活塞顶离曲轴旋转中心最远的位置。

② 下止点：是指活塞顶离曲轴旋转中心最近的位置。

③ 活塞行程：是指活塞在上止点与下止点之间所移过的距离。

④ 行程（冲程）：是指活塞由一个止点运动到另一个止点一次的过程。

⑤ 工作容积：是指活塞从一个止点移动到另一个止点所扫过的容积。

⑥ 燃烧室容积：是指活塞位于上止点时，活塞顶部与气缸盖之间的容积。

⑦ 气缸总容积：是指活塞在下止点时，活塞顶部与气缸盖之间的容积。它等于气缸工作容积与燃烧室容积之和。

⑧ 发动机排量：是指多缸发动机各气缸工作容积的总和。

⑨ 压缩比：是指气缸总容积与燃烧室容积的比值。一般汽油机的压缩比为7～11，柴油机的压缩比为15～22。

⑩ 工作循环：发动机完成进气、压缩、做功和排气四个工作行程，称为一个工作循环。

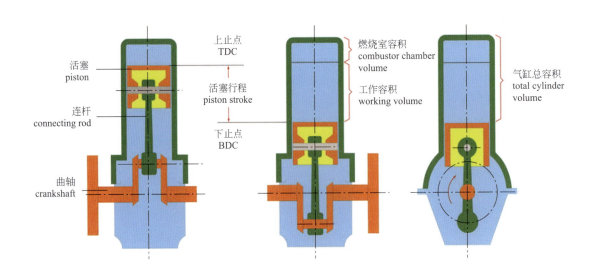

图2-1-12　发动机专业术语

2.2 曲柄连杆机构

2.2.1 概述

曲柄连杆机构是往复活塞式发动机将热能转化为机械能的主要机构，由机体组、活塞连杆组和曲轴飞轮组三部分组成（图2-2-1）。有些发动机为平衡曲柄连杆机构的振动，还装有平衡轴装置。

机体组 organism group

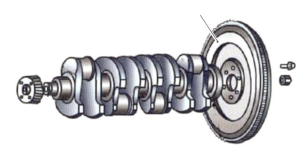
曲轴飞轮组 crankshaft flywheel group

活塞连杆组 piston connecting rod group

图 2-2-1　曲柄连杆机构的组成

曲柄连杆机构的主要零件有活塞、连杆、曲轴、飞轮、曲轴主轴承、气环、油环等（图2-2-2）。

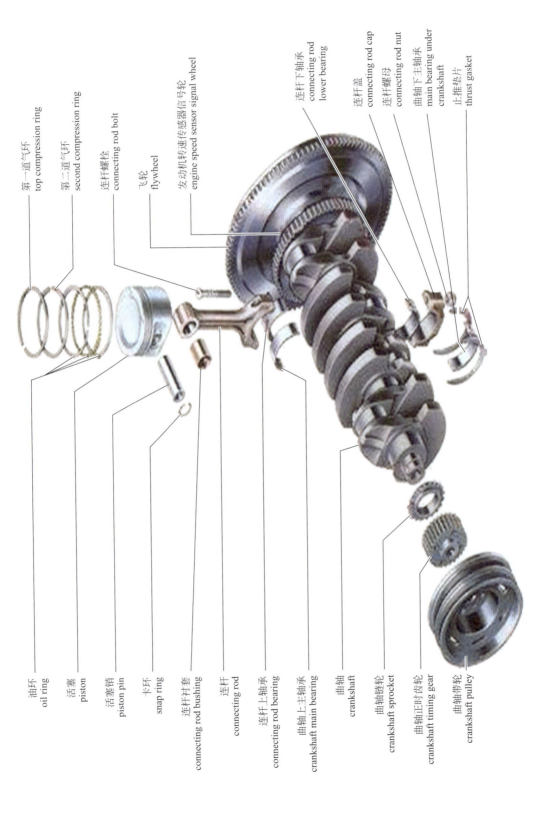

图2-2-2 曲柄连杆机构的主要零件

2.2.2 机体组

机体是构成发动机的骨架，是发动机各机构和各系统的安装基础。机体组主要由气缸体、气缸盖、气缸垫和油底壳等组成（图2-2-3）。

图2-2-3 机体组

机体组的装配关系如图2-2-4所示。

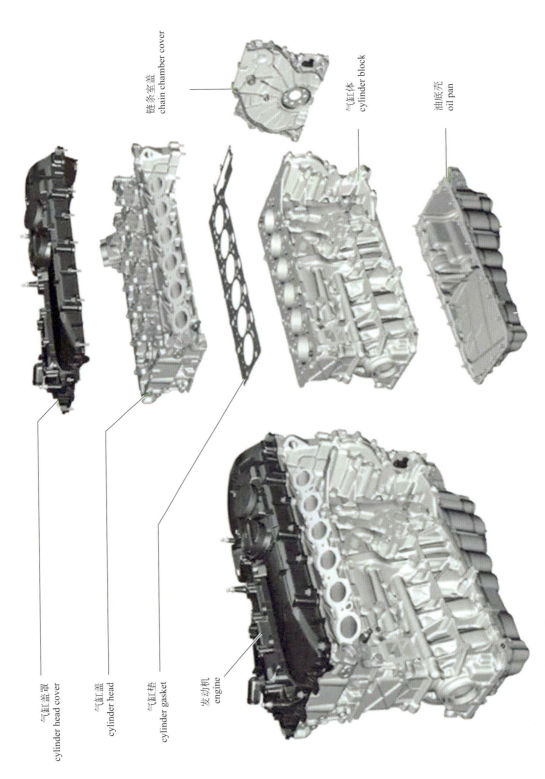

图2-2-4 机体组的装配关系

2.2 曲柄连杆机构

（1）气缸体

气缸体结构如图2-2-5所示。气缸体是发动机的主体，它将各个气缸和曲轴箱连成一体，是安装活塞、曲轴以及其他零件和附件的支承骨架。

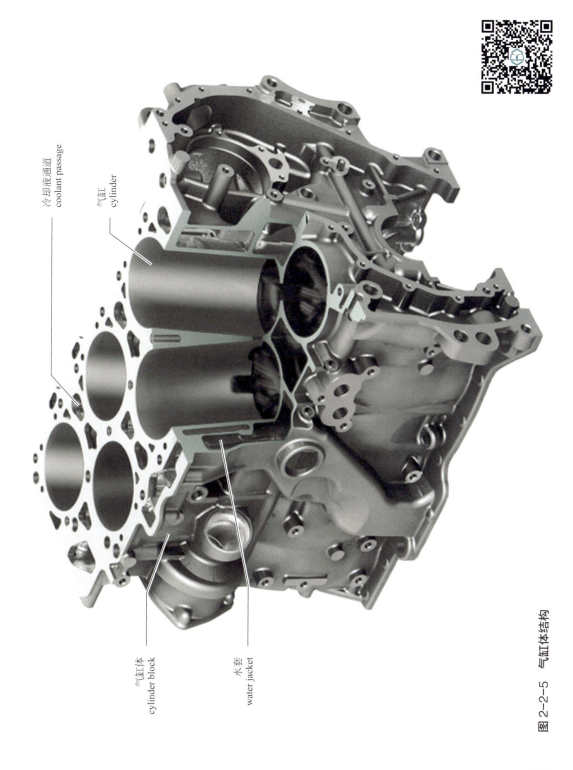

图 2-2-5 气缸体结构

发动机气缸体及附件的分解如图2-2-6所示。

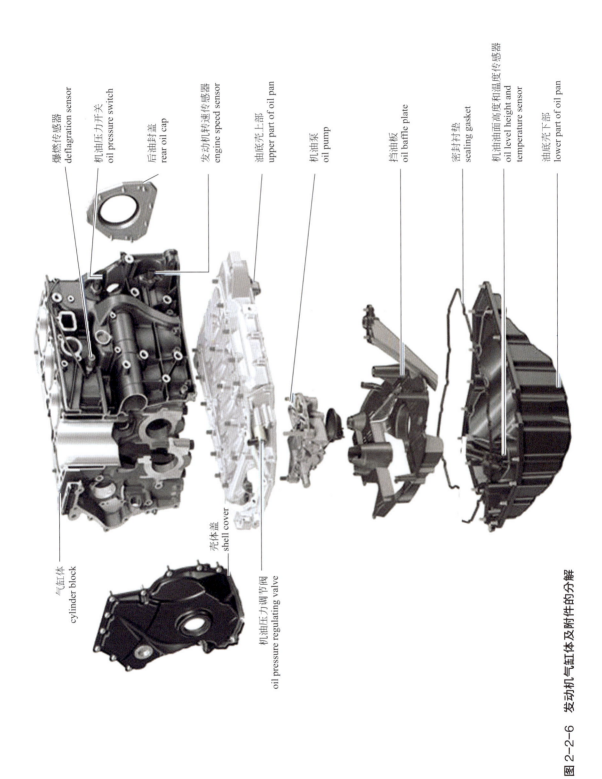

图2-2-6 发动机气缸体及附件的分解

气缸体按曲轴箱的剖分面位置不同可分为平分式（也称一般式）、龙门式和隧道式三种结构形式（图2-2-7）。

平分式是指气缸体下平面与曲轴中心线在同一平面上的；龙门式是指气缸体下平面位于曲轴中心线以下的；隧道式是指曲轴箱的主轴承座孔为整体式的。

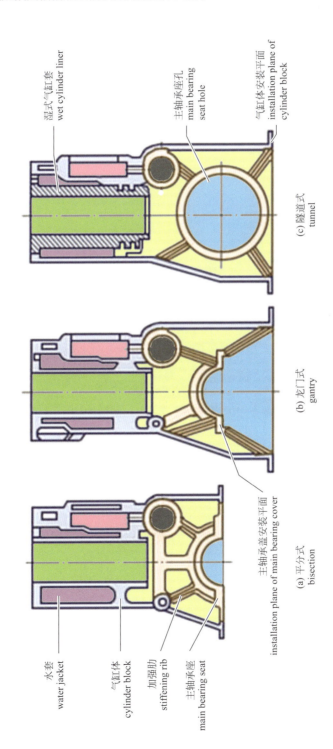

图 2-2-7 气缸体的结构形式

根据气缸的排列形式，气缸体有直列式、V形、对置式（也称卧式）和W形等几种（图2-2-8）。

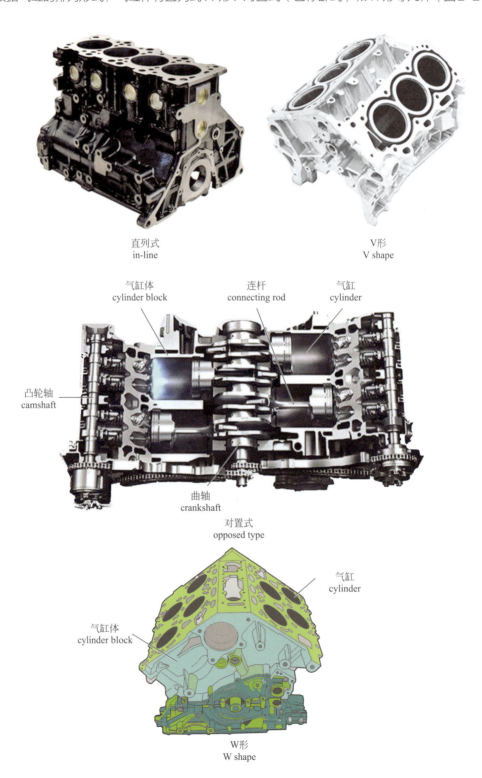

图 2-2-8　气缸的排列形式

2.2 曲柄连杆机构

气缸套是一个圆筒形零件，置于机体的气缸体孔中，其上由气缸盖压紧固定。活塞在其内孔作往复运动，其外由冷却水冷却。一般分为干式气缸套（图2-2-9）和湿式气缸套（图2-2-10）等类型。

图 2-2-9　干式气缸套

图 2-2-10　湿式气缸套

（2）气缸盖

气缸盖的功用是封闭气缸上部，并与活塞顶部和气缸壁共同构成燃烧室（图2-2-11）。

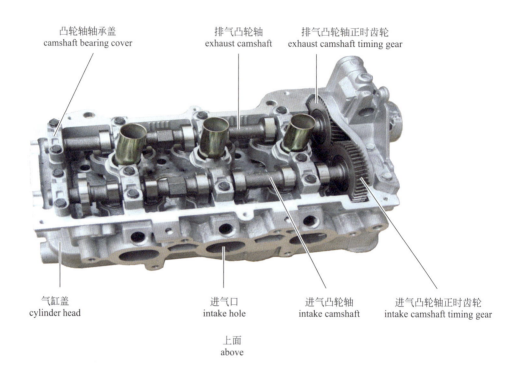

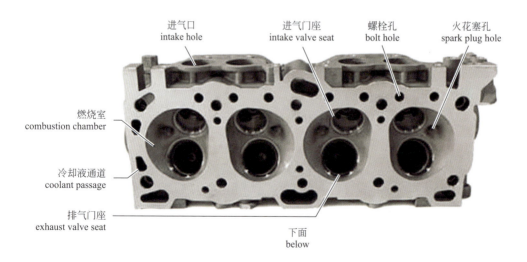

图 2-2-11　气缸盖

当活塞位于上止点时，由活塞顶部及气缸盖底面以下所形成的凹部空间称为汽油机燃烧室，有楔形燃烧室、盆形燃烧室、半球形燃烧室、多球形燃烧室和浅篷形燃烧室等（图2-2-12）。

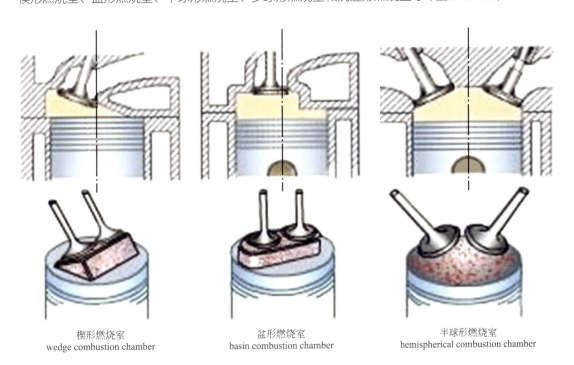

楔形燃烧室
wedge combustion chamber

盆形燃烧室
basin combustion chamber

半球形燃烧室
hemispherical combustion chamber

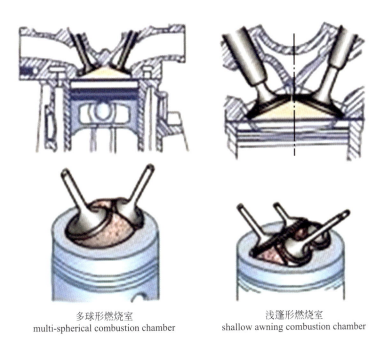

多球形燃烧室
multi-spherical combustion chamber

浅篷形燃烧室
shallow awning combustion chamber

图2-2-12　汽油机燃烧室

(3) 气缸垫

气缸垫（图2-2-13），又称气缸衬垫，位于气缸盖与气缸体之间，其功用是填补气缸体和气缸盖之间的微观孔隙，保证接合面处有良好的密封性，进而保证燃烧室的密封，防止气缸漏气、漏水和漏油。

图 2-2-13　气缸垫

(4) 油底壳

油底壳（图2-2-14）是曲轴箱的下半部，又称为下曲轴箱，主要功用是储存机油并封闭曲轴箱。

图 2-2-14　油底壳

2.2.3 活塞连杆组

活塞连杆组是发动机的传动件，它把燃烧气体的压力传给曲轴，使曲轴旋转并输出动力。活塞连杆组主要由活塞、活塞环、连杆、活塞销和连杆轴承等组成（图2-2-15）。

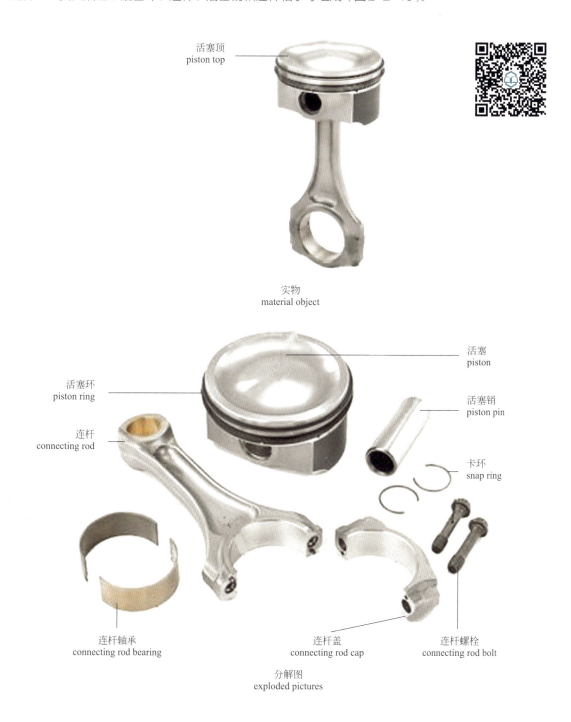

图 2-2-15　活塞连杆组

活塞与连杆的装配关系如图2-2-16所示。

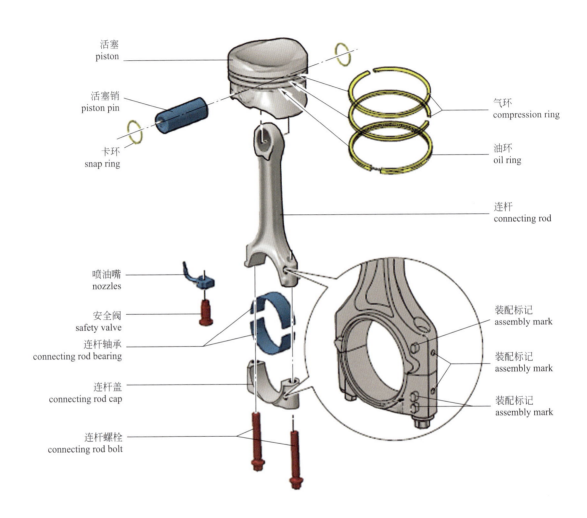

图 2-2-16　活塞与连杆的装配关系

活塞、连杆及曲轴的装配关系如图2-2-17所示。

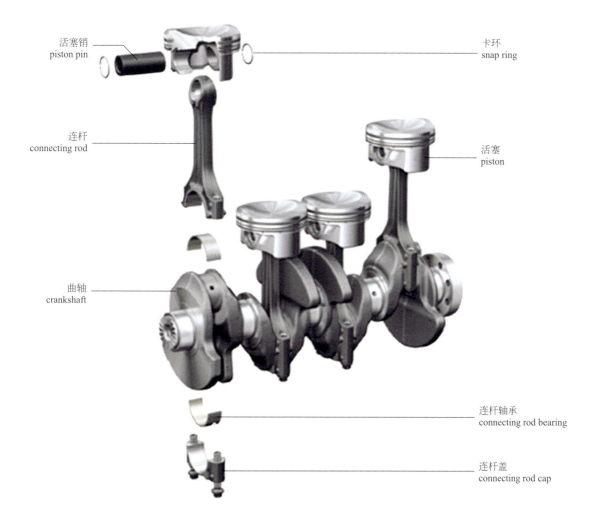

图 2-2-17 活塞、连杆及曲轴的装配关系

（1）活塞

活塞的功用主要是承受气缸中气体的压力，并将此压力传给连杆，以推动曲轴旋转；此外，活塞的顶部还与气缸盖和气缸共同组成燃烧室。活塞一般都用铝合金材料铸造或锻造而成，主要由活塞顶部、活塞头部和活塞裙部三部分组成，在活塞裙部的上部有活塞销座（图2-2-18）。

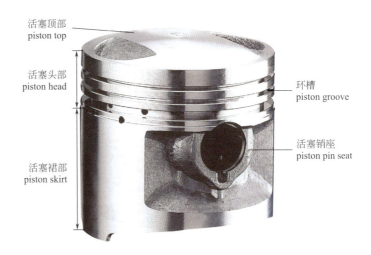

图 2-2-18　活塞的构造

（2）活塞环

活塞环安装在活塞环槽内，按其功用可分为气环和油环两种（图2-2-19）。一般发动机上装有两道气环和一道油环。

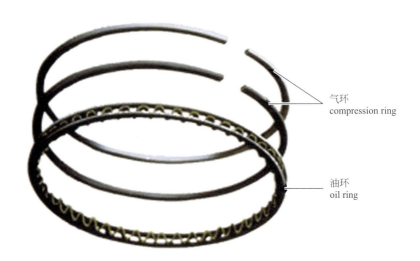

图 2-2-19　活塞环

（3）活塞销

活塞销的功用是连接连杆与活塞，并将活塞承受的气体压力与惯性力传给连杆（图2-2-20）。

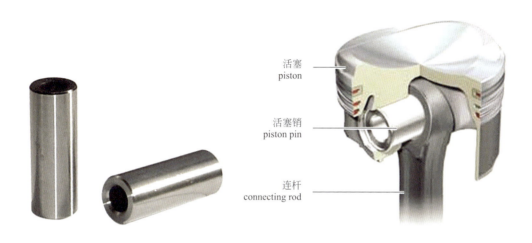

图 2-2-20　活塞销

（4）连杆

连杆的功用是连接活塞和曲轴，并将活塞的往复直线运动转变为曲轴的旋转运动。连杆一般由小头、杆身和大头（包括连杆盖）三部分组成，主要零件包括连杆盖、连杆大头、连杆小头、连杆杆身、连杆螺栓、连杆衬套等（图2-2-21）。

图 2-2-21　连杆

2.2.4 曲轴飞轮组

曲轴飞轮组的作用是把活塞的往复运动转变为曲轴的旋转运动，为汽车的行驶和其他需要动力的机构输出转矩。同时还储存能量，用以克服非做功行程的阻力，使发动机运转平稳。曲轴飞轮组主要由曲轴、飞轮、曲轴主轴承等组成，如图2-2-22所示。

图2-2-22　曲轴飞轮组

（1）曲轴的功用与组成

曲轴的功用是将活塞连杆组传来的气体压力转变成转矩对外输出，还用来驱动发动机的配气机构和水泵、发电机、空气压缩机等其他附属装置工作。

曲轴有整体式和组合式两种，中、小型发动机广泛采用整体式曲轴。整体式曲轴的基本组成包括前端（轴）、主轴颈、连杆轴颈（曲柄销）、曲柄、平衡重和后端（凸缘）等，如图2-2-23所示。

（2）曲拐布置与发动机工作顺序

一个连杆轴颈和它两端的曲柄及相邻两个主轴颈构成一个曲拐，如图2-2-24所示。

2.2 曲柄连杆机构

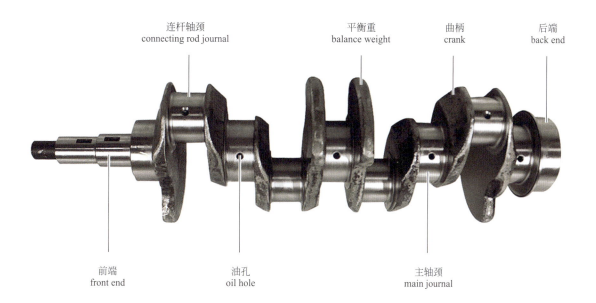

图 2-2-23 曲轴

图 2-2-24 曲拐

· 041 ·

四冲程四缸发动机的气缸一般为直列,曲轴上四个连杆轴颈配置在一个平面内,1、4连杆轴颈在一边,2、3连杆轴颈在另一边,两个方向互成180°,四缸发动机曲拐的布置(曲轴转角)如图2-2-25所示,各缸工作顺序见表2-2-1。

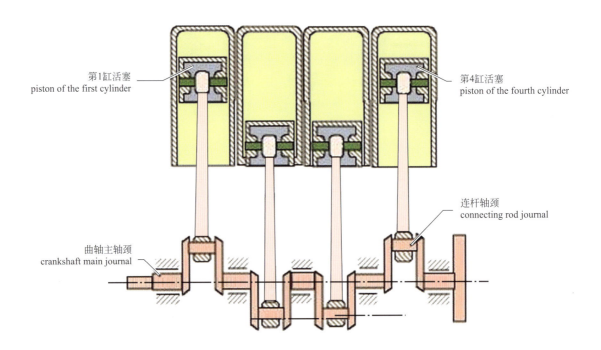

图 2-2-25　四缸发动机曲拐的布置

表 2-2-1　四缸发动机各缸工作顺序(1-3-4-2)

曲轴转角	第1缸	第2缸	第3缸	第4缸
0°～180°	做功	排气	压缩	进气
180°～360°	排气	进气	做功	压缩
360°～540°	进气	压缩	排气	做功
540°～720°	压缩	做功	进气	排气

曲轴连杆轴颈多数排列如下：面对曲轴前端，1、6连杆轴颈在上面，2、5连杆轴颈偏左面，3、4连杆轴颈偏右面，三个方向互成120°，六缸发动机曲拐的布置如图2-2-26所示，各缸工作顺序为见表2-2-2。

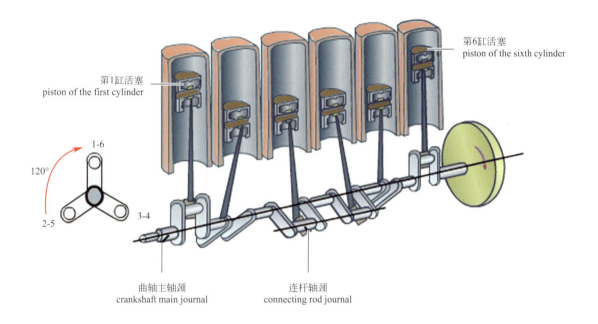

图2-2-26 六缸发动机曲拐的布置

表2-2-2 六缸发动机各缸工作顺序（1-5-3-6-2-4）

曲轴转角		第1缸	第2缸	第3缸	第4缸	第5缸	第6缸
0°～180°	0°～60°	做功	排气	进气	做功	压缩	进气
	60°～120°						
	120°～180°			压缩	排气		
180°～360°	180°～240°	排气	进气			做功	压缩
	240°～300°						
	300°～360°			做功	进气		
360°～540°	360°～420°	进气	压缩			排气	做功
	420°～480°						
	480°～540°			排气	压缩		
540°～720°	540°～600°	压缩	做功			进气	排气
	600°～660°						
	660°～720°		排气	进气	做功	压缩	

· 043 ·

2.2.5 平衡轴

平衡轴系统的功用是平衡曲柄连杆机构所产生的惯性力,以减轻发动机的振动。平衡轴系统可分为单平衡轴系统和双平衡轴系统两种。双平衡轴系统如图2-2-27所示。

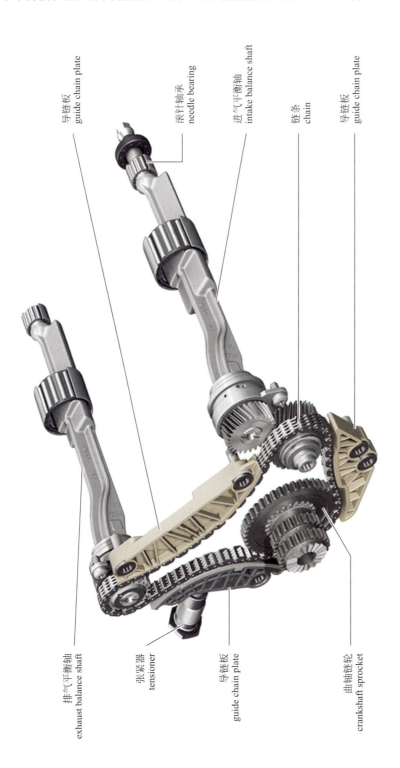

图 2-2-27 双平衡轴系统

双平衡轴系统安装位置如图2-2-28所示。

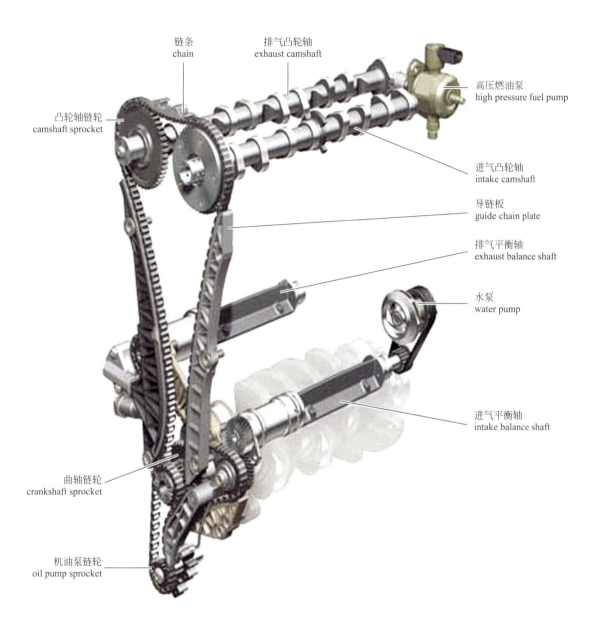

图2-2-28　双平衡轴系统安装位置

2.3 配气机构

2.3.1 概述

配气机构是控制发动机进气和排气的装置，它的功用是按照发动机的工作需要，定时地开启或关闭进气门和排气门，使新鲜可燃混合气或空气及时进入气缸，并使气缸内的燃烧废气及时排出气缸。配气机构可分为气门组和气门传动组两部分（图2-3-1）。

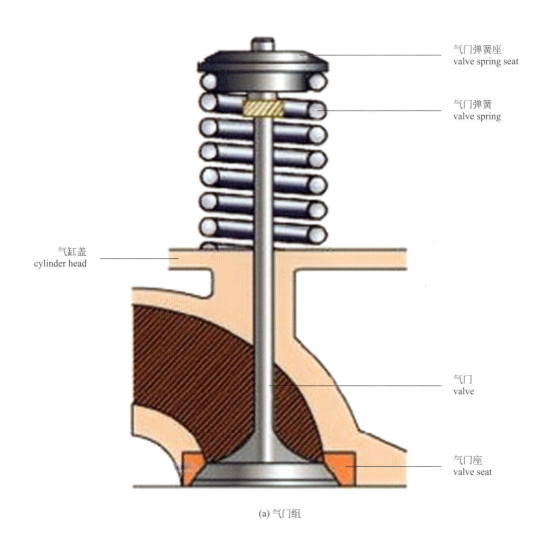

(a) 气门组

图2-3-1 配气机构的组成

2.3 配气机构

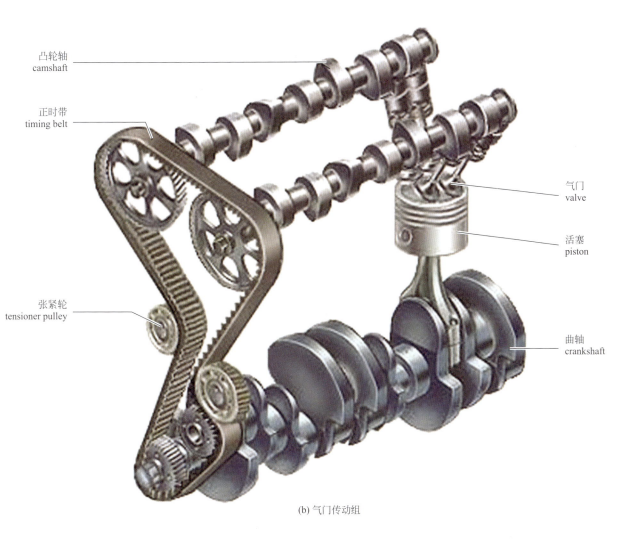

(b) 气门传动组

发动机配气机构的主要零件如图2-3-2所示。

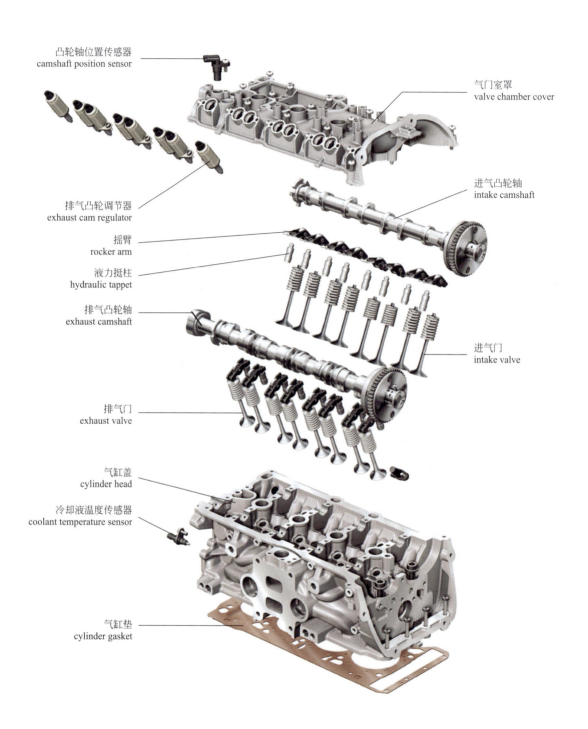

图 2-3-2　发动机配气机构的主要零件

2.3.2 气门组

气门组的功用是实现气门对气缸的可靠密封，其零件主要包括气门、气门座、气门导管、气门锁片（锁夹）和气门弹簧等，如图2-3-3所示。

气门分为进气门和排气门，构造基本相同。气门由头部与杆部两部分组成，如图2-3-4所示。气门头的作用是与气门座配合，对气缸进行密封；气门杆则与气门导管配合，为气门的运动导向，承受侧压力并传走部分热量等。

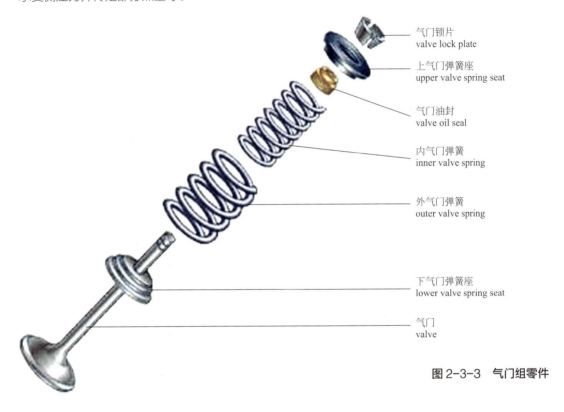

图 2-3-3 气门组零件

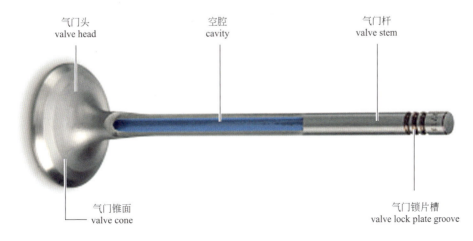

图 2-3-4 气门的结构

2.3.3　气门传动组

气门传动组的作用是使进、排气门按配气相位规定的时刻开闭，并保证有足够的开度，包括凸轮轴、正时传动装置、挺柱（杆）、推杆、摇臂等零件（图2-3-5）。

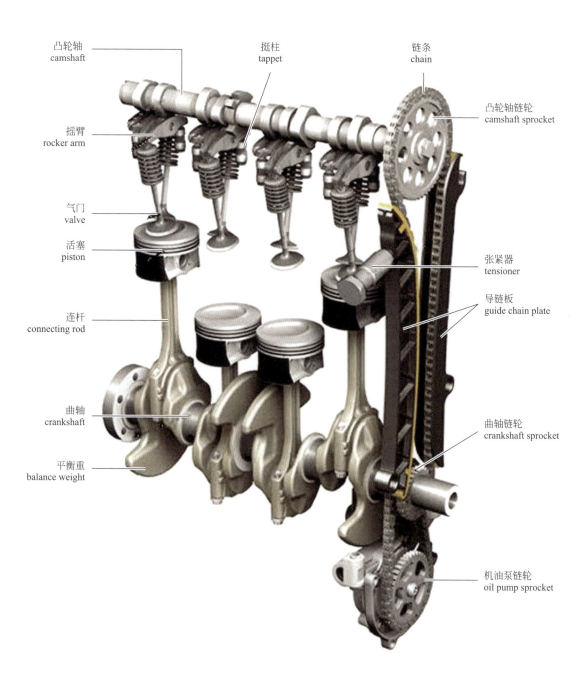

图2-3-5　气门传动组

气门传动组的传动方式有链传动和带传动等，如图2-3-6所示。

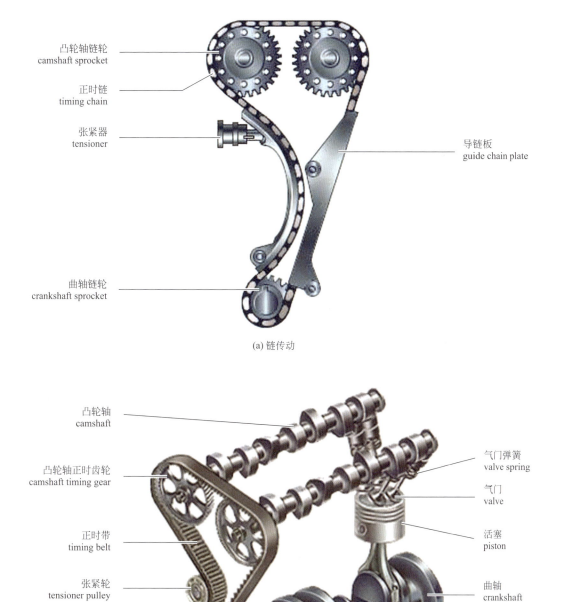

(a) 链传动

(b) 带传动

图 2-3-6　传动方式

V8发动机链条传动如图2-3-7所示。

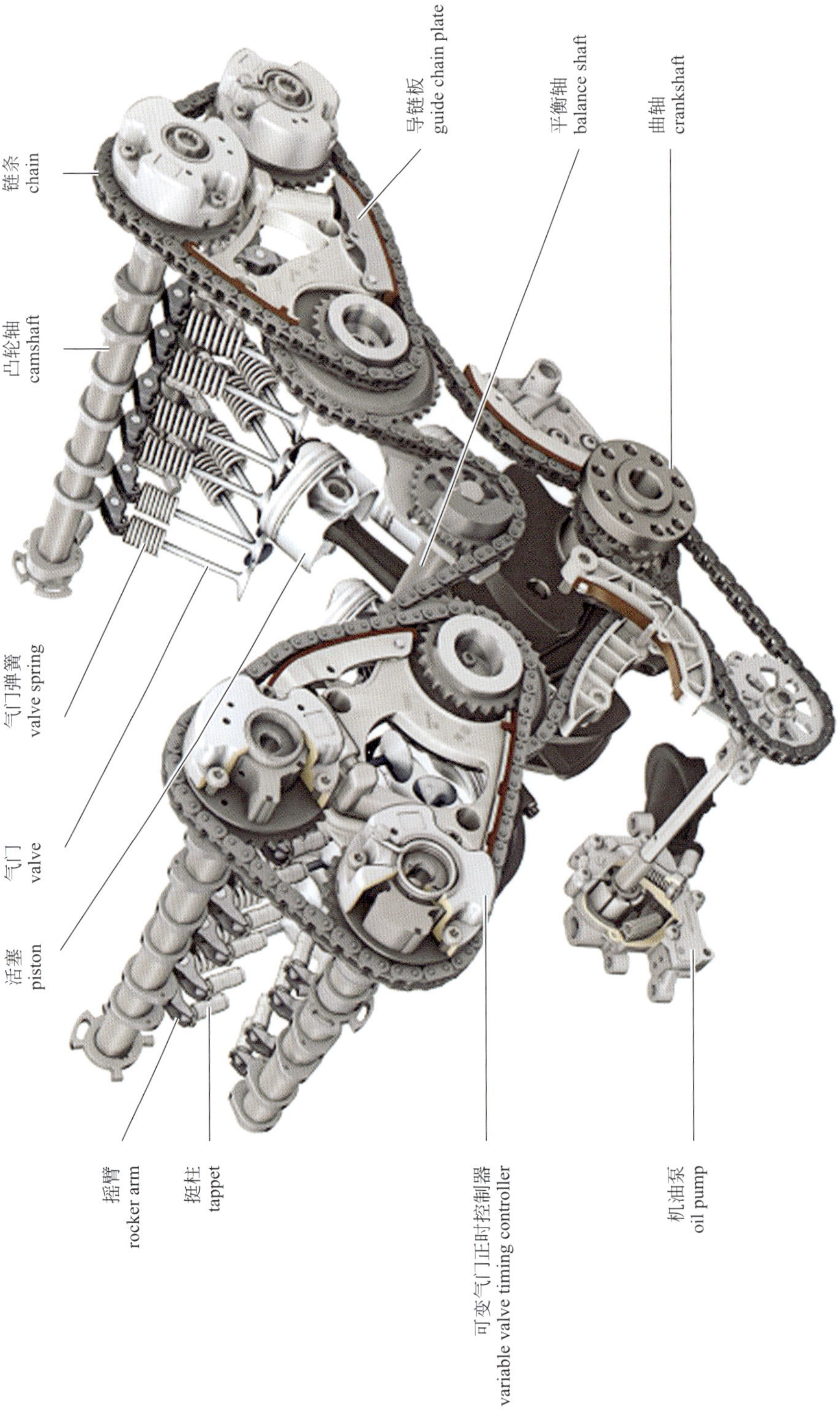

图2-3-7 V8发动机链条传动

2.3.4 配气机构的零件

（1）凸轮轴

凸轮轴由凸轮和轴颈组成，凸轮用来驱动气门开启，轴颈用来支承凸轮轴。凸轮轴（图2-3-8）的前端用以安装凸轮轴正时齿轮或正时链轮。双顶置凸轮轴安装位置如图2-3-9所示。

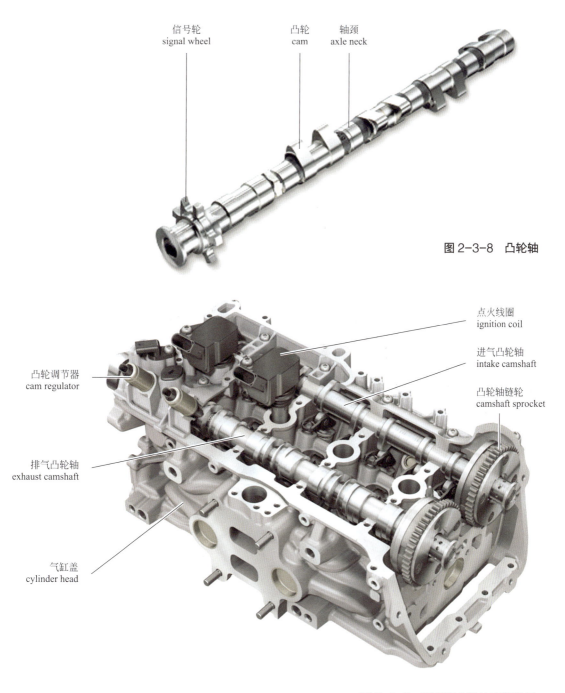

图 2-3-8　凸轮轴

图 2-3-9　双顶置凸轮轴安装位置

（2）挺柱

挺柱的功用是与凸轮轴直接接触，将来自凸轮的推力传给摇臂或气门。挺柱一般可分为普通挺柱和液力挺柱两种形式。液力挺柱由挺柱体、油缸、柱塞、球形阀、压力弹簧等组成，能自动保持配气机构无间隙传动，从而降低噪声和磨损，而且不需调整气门间隙，在轿车发动机上应用非常广泛。

直接推动气门的挺柱结构如图2-3-10所示。

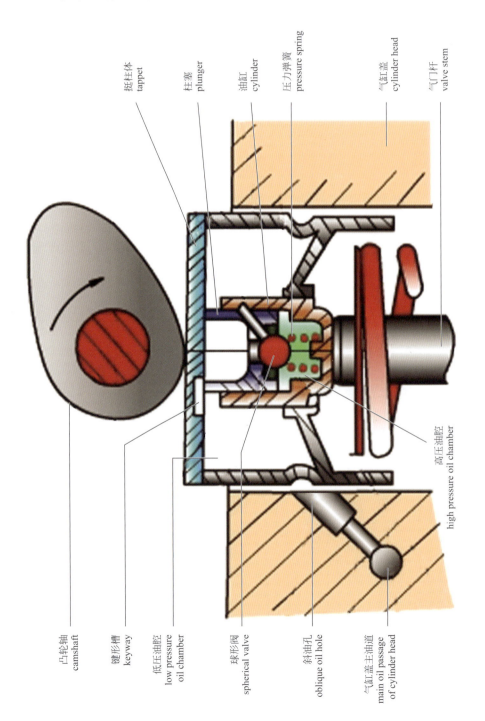

图2-3-10 直接推动气门的挺柱结构

通过摇臂推动气门的挺柱结构如图2-3-11所示。

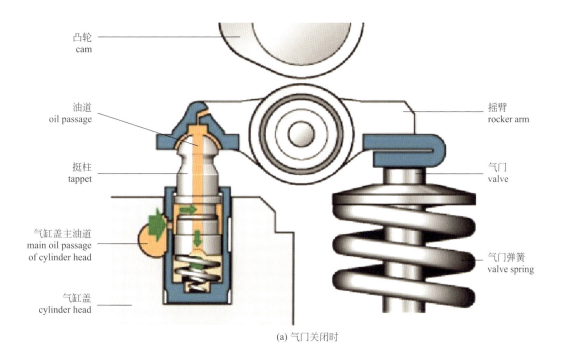

(a) 气门关闭时

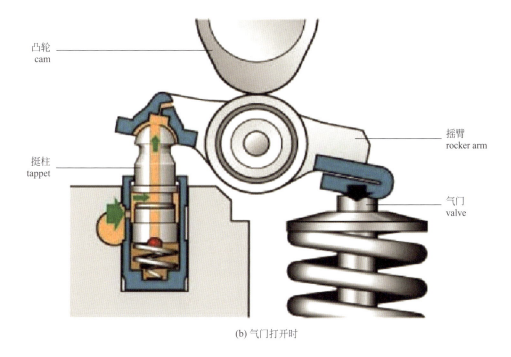

(b) 气门打开时

图 2-3-11 通过摇臂推动气门的挺柱结构

2.3.5 气门间隙

气门间隙的功用是补偿气门受热后的膨胀量,保证发动机的正常工作。发动机在冷态下,在未装用液力挺柱的配气机构中,当气门处于关闭状态时,气门与传动件之间的间隙称为气门间隙(图2-3-12)。

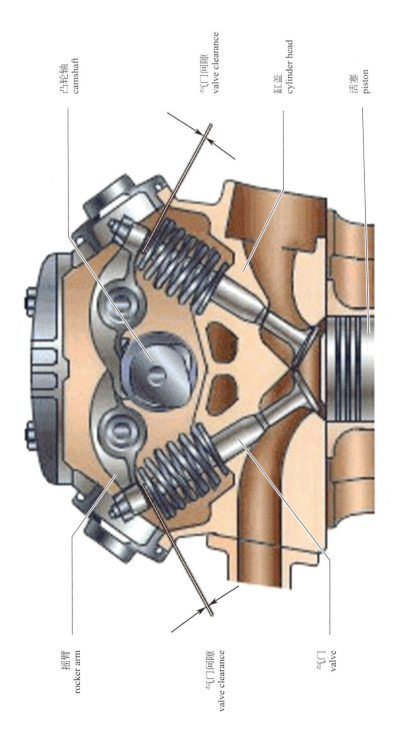

图2-3-12 未装用液气挺柱的配气机构有气门间隙

2.3 配气机构

在装有液力挺柱的配气机构中,由于液力挺柱能自动"伸长"或"缩短",以补偿气门的热胀冷缩,所以不需留气门间隙(图2-3-13)。

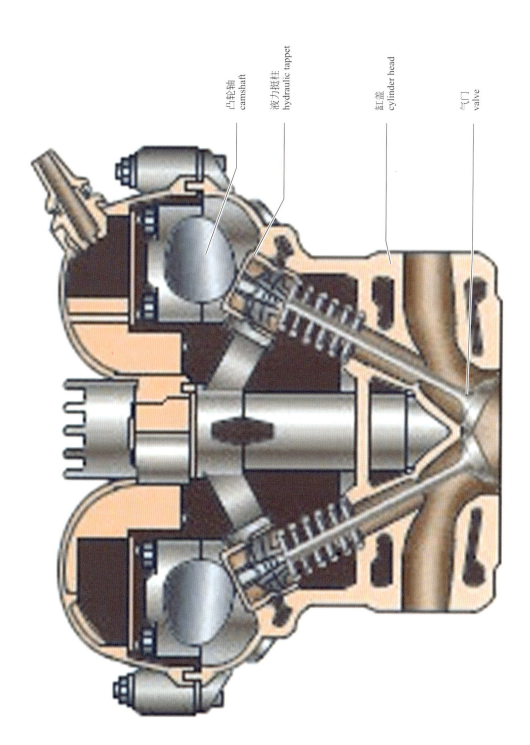

图 2-3-13 装用液力挺柱的配气机构无气门间隙

2.3.6 配气相位

以曲轴转角表示的发动机进、排气门实际开闭时刻及其开启的持续时间称为配气相位,通常用环形图表示(图2-3-14)。为了使发动机进气充分、排气彻底,改善发动机的换气过程,提高发动机动力性能,实际上发动机的气门开启和关闭并不恰好在上、下止点,而是适当地提前开启和延迟关闭,以延长进、排气时间。进、排气门开启行程的曲轴转角都大于180°。

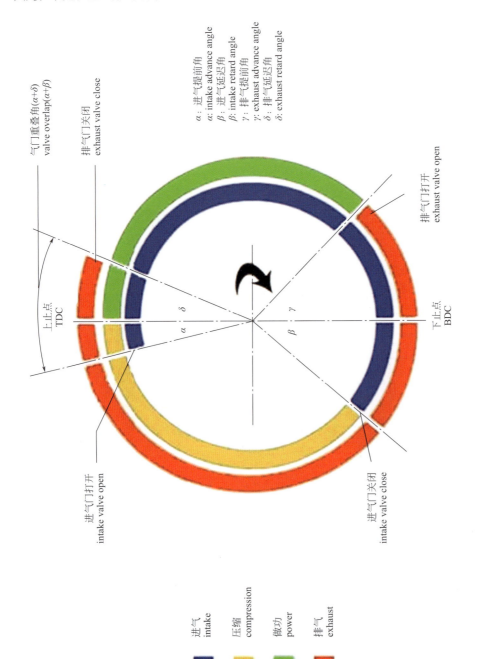

图2-3-14 配气相位

2.3.7 可变气门正时与可变气门升程

可变气门正时和可变气门升程技术是根据发动机在各种负荷和转速下,自由调整进气和排气的量,控制气门开闭的时间和角度,从而提高发动机燃烧效率,提升发动机的动力性和经济性。

(1) 可变气门正时

可变气门正时系统就是通过在凸轮轴的传动端加装一套可变气门正时控制器等液力机构,从而实现凸轮轴在一定范围内的角度调节,也就相当于对气门的开启和关闭时刻进行了调整(图2-3-15)。

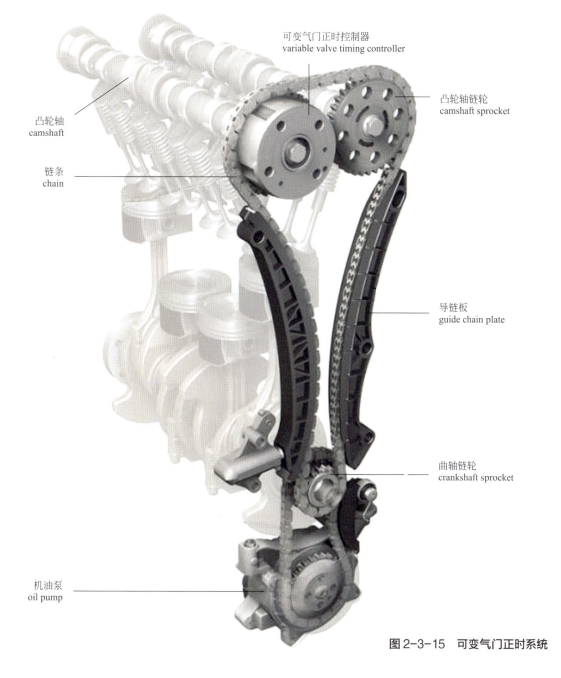

图2-3-15 可变气门正时系统

可变气门正时系统基本工作原理如图2-3-16所示。

图 2-3-16　可变气门正时系统基本工作原理

（2）可变气门升程

可变气门升程是利用控制气门开启大小，进而控制进气量，满足不同工况下对氧气量的需求，改善发动机高速功率和低速转矩（图2-3-17）。

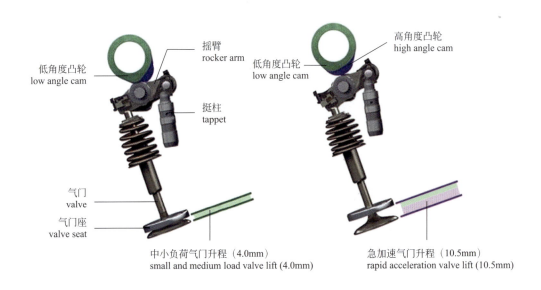

图 2-3-17　可变气门升程

2.3.8 典型车型可变气门正时与可变气门升程技术

（1）丰田车系可变气门正时装置（VVT-i）

VVT-i装置是在凸轮轴的传动端加装一套液力机构，通过电控单元ECU的控制，在一定角度范围内对气门的开启和关闭时刻进行调整，或提前、或滞后、或保持不变。

凸轮轴正时链（齿）轮的外转子与正时链（带）相连，内转子与凸轮轴相连。外转子可以通过液压油间接带动内转子，从而实现一定范围内气门角度的提前或延迟（图2-3-18）。

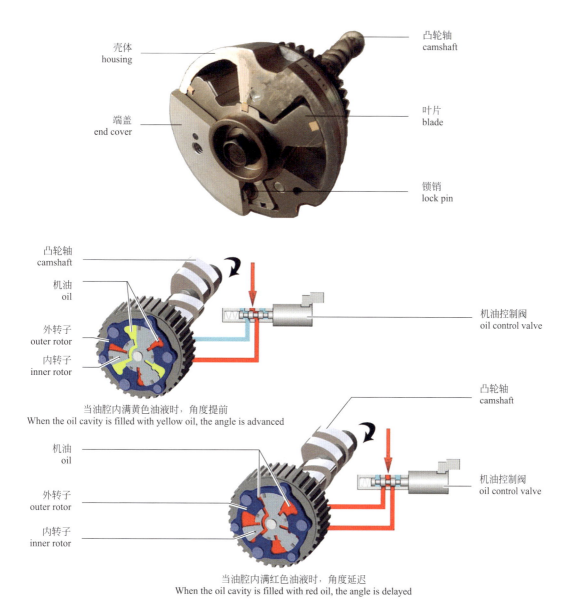

图2-3-18 丰田车系可变气门正时装置

（2）大众车系可变气门升程技术（AVS）

大众车系如奥迪A6轿车上装用的发动机上的可变气门升程控制机构，主要通过切换凸轮轴上两组高度不同的凸轮来实现改变气门的升程，即通过安装在凸轮轴上的螺旋沟槽套筒，来实现凸轮轴的左右移动，进而切换凸轮轴上的高、低角度凸轮，从而实现气门升程和开启时间的变化（图2-3-19）。

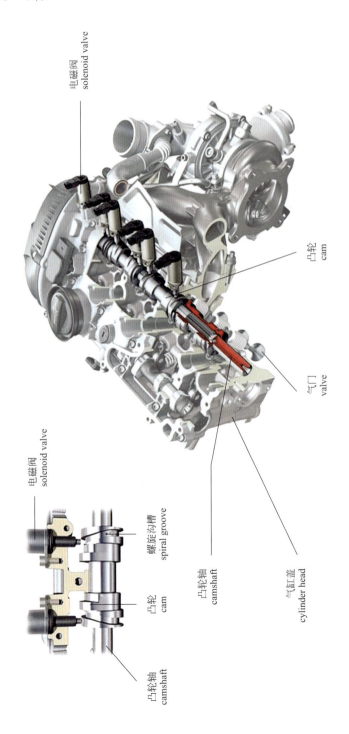

图2-3-19 大众车系可变气门升程基本结构

当发动机处于低负荷时,电磁阀控制凸轮轴向左移动,切换到低角度凸轮,气门升程变小,进气量减少(图2-3-20)。

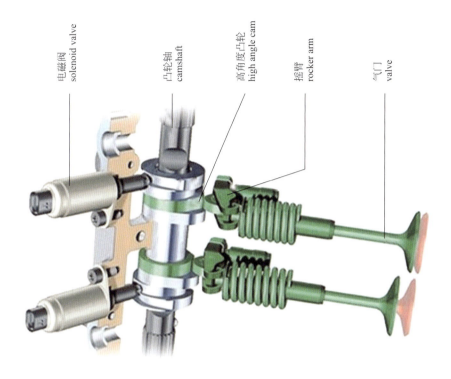

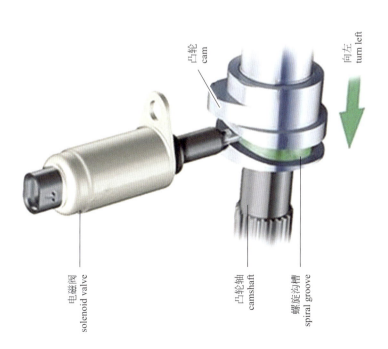

图2-3-20 发动机处于低负荷时的工作原理

当发动机处于高负荷时，电磁阀控制凸轮轴向右移动，切换到高角度凸轮，气门升程变大，进气量增加（图2-3-21）。

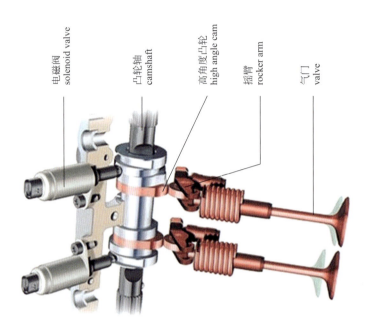

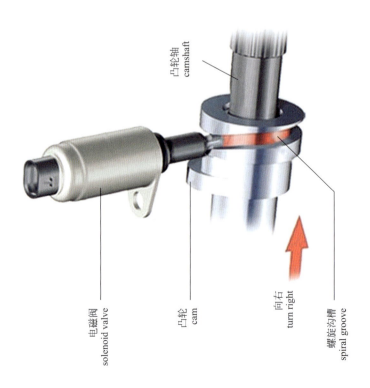

图2-3-21　发动机处于高负荷时的工作原理

（3）本田车系可变气门技术（i-VTEC）

本田车系可变气门技术是利用三根摇臂的分离与结合一体，来实现高、低角度凸轮的切换，从而实现气门升程和开启时间的变化（图2-3-22）。

当发动机在低转速时，三根摇臂处于分离状态，低角度凸轮推动左右两个普通摇臂来控制两个进气门的开闭，气门升程量较小；发动机在中高转速时，三根摇臂锁成一体，和中间摇臂一起由高角度凸轮驱动，这时气门的升程量和开启时间都相应增大，进气量即增大。

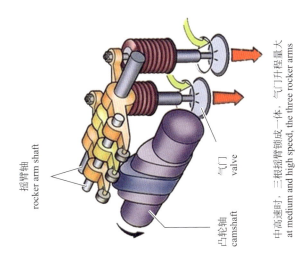

图2-3-22 本田车系可变气门技术

2.4 润滑系统

2.4.1 润滑系统的功用

润滑系统的功用是将机油不断地供给传动零件的摩擦表面，在摩擦表面间形成油膜，减轻机体磨损、减小摩擦损失、降低功率消耗的作用，还具有冷却、清洗、密封、防锈等作用（图2-4-1）。

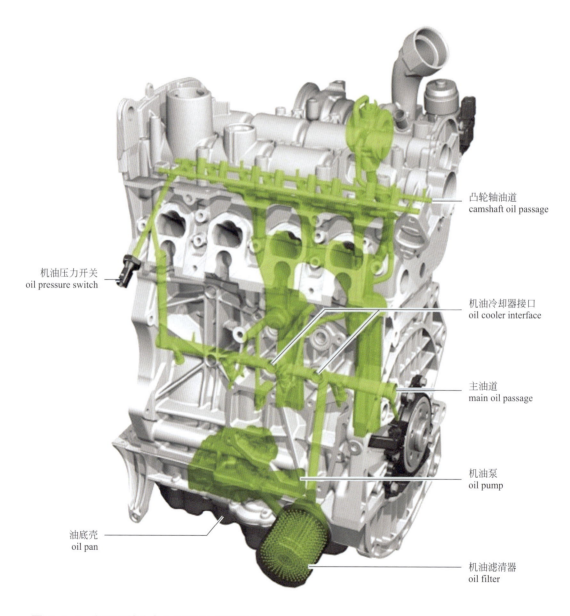

图 2-4-1　润滑系统（大众 EA211 发动机）

2.4.2 润滑系统的组成

润滑系统主要包括机油泵、油底壳、机油滤清器、机油压力开关、机油冷却器、机油压力调节阀、机油压力过低报警灯和油位传感器等（图2-4-2）。

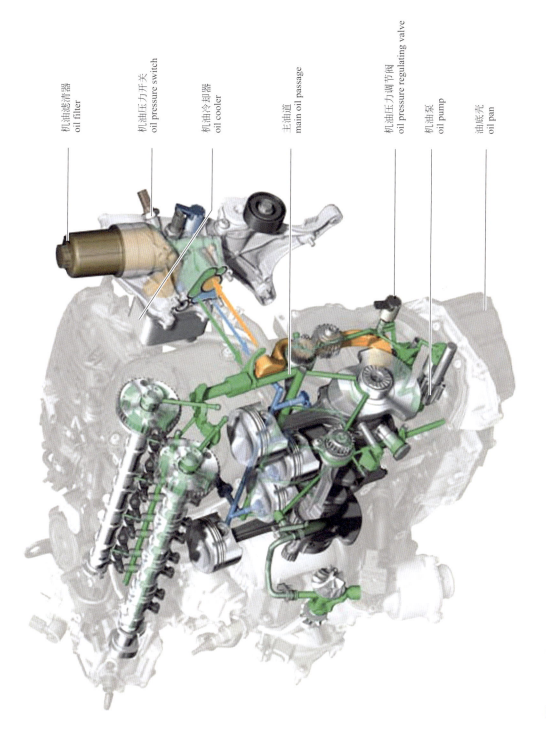

图2-4-2 润滑系统组成（大众EA888发动机）

2.4.3 润滑系统的润滑油路

润滑系统的润滑油路如图2-4-3所示。当发动机工作时，曲轴带动机油泵旋转，机油经机油集滤器从油底壳中被吸出，从机油泵输出的机油进入机油滤清器，滤去机油中的机械杂质后流入气缸体主油道和气缸盖主油道，润滑主轴颈、连杆轴颈、凸轮轴颈和摇臂等。

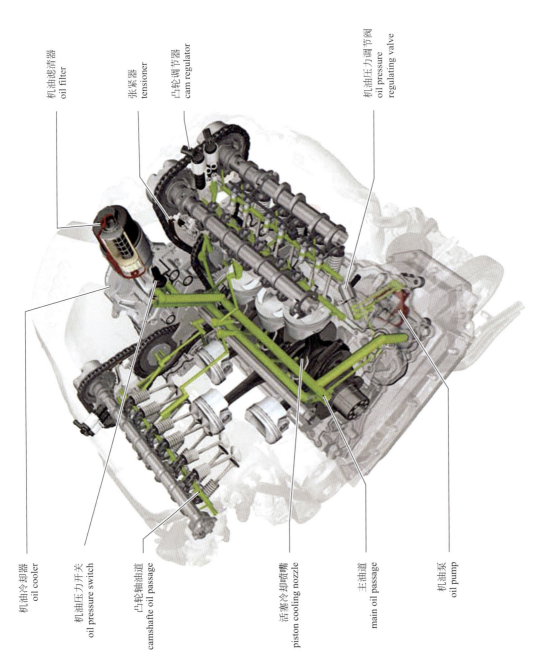

图 2-4-3 润滑系统的润滑油路

2.4 润滑系统

图2-4-4所示为V8发动机润滑系统的润滑油路。

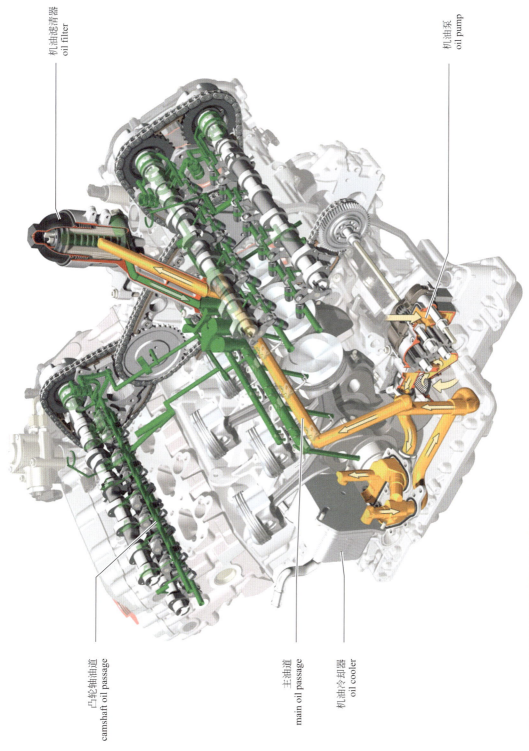

图2-4-4 V8发动机润滑系统的润滑油路

2.4.4 润滑系统主要零部件

（1）机油泵

机油泵的作用是给主油道提供数量足够、压力适当的机油，保证机油在润滑系统内循环流动。机油泵按照结构可以分为齿轮泵、叶片泵、转子泵等，有的采用两级可调式机油泵（图2-4-5）等。

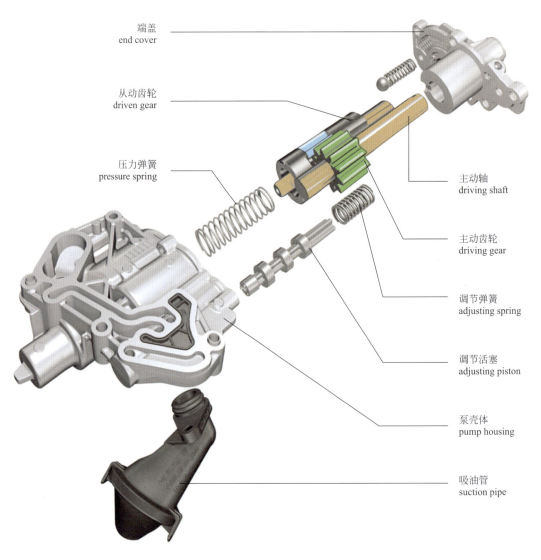

图 2-4-5　机油泵

2.4 润滑系统

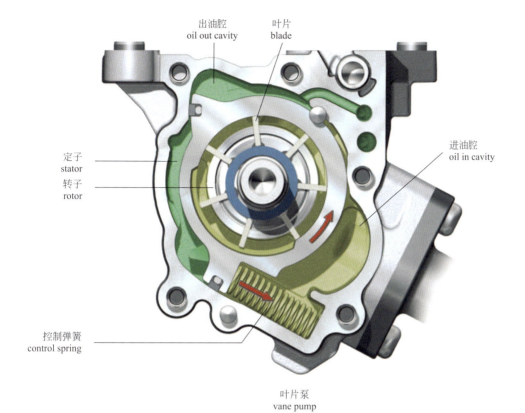

叶片泵
vane pump

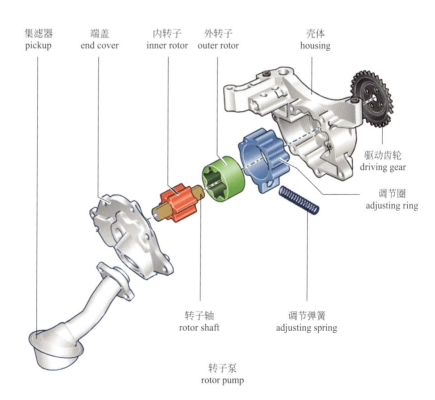

转子泵
rotor pump

（2）机油滤清器

机油滤清器用于清洁机油，防止污物颗粒进入主油道，延长发动机使用寿命。轿车上普遍采用纸质全流式滤清器，且一般采用整体式滤清器，即将滤芯与壳体制成不可拆卸的一个整体（图2-4-6）。

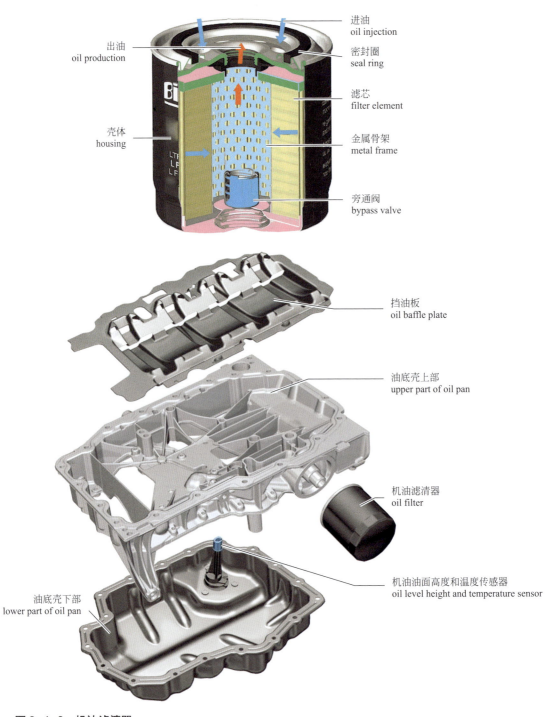

图2-4-6　机油滤清器

2.5 冷却系统

2.5.1 概述

冷却系统的功用就是使工作中的发动机得到适度的冷却,从而保持发动机在最适宜的温度范围内工作。在采用水冷却系统的发动机中,冷却液的工作温度一般为80～105℃。

发动机冷却系统可分为水冷式和风冷式两种类型。现代汽车发动机普遍采用水冷式冷却系统(图2-5-1)。

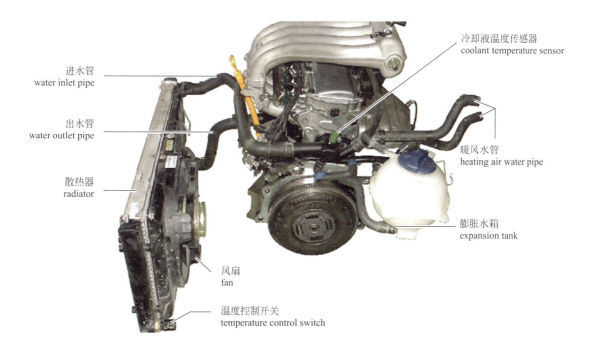

图2-5-1 发动机冷却系统的布置

2.5.2 冷却系统的组成

冷却系统由散热器、水泵、节温器、水套、水道、冷却风扇等组成（图2-5-2）。

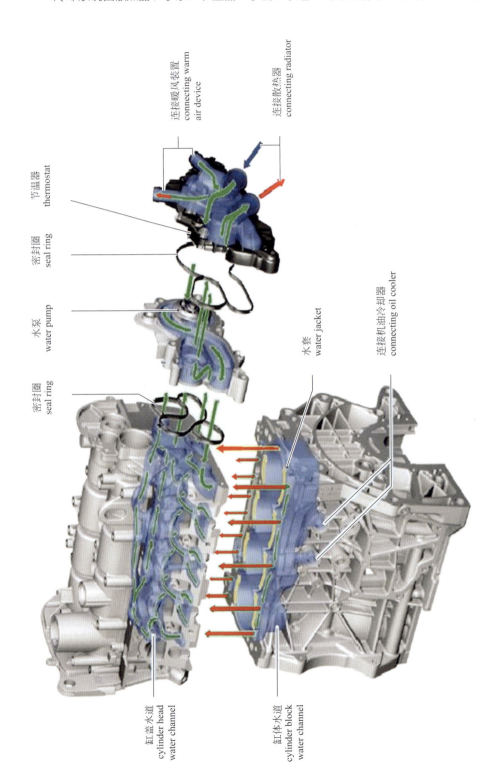

图 2-5-2　发动机冷却系统的组成

2.5.3 冷却系统的工作原理

水泵将冷却液从散热器吸入并加压,先冷却发动机缸体后冷却气缸盖,吸收热量升温后的冷却液沿出水管再流到散热器内。汽车在行驶时,外部气流和风扇的作用,使冷却液在散热器中得到冷却。冷却后的冷却液在水泵的作用下,再次流向缸体和缸盖水套。如此不断地往复循环,使发动机在高温条件下工作的零件得到适宜的冷却。

冷却液通过节温器的作用,实现发动机冷却系统大、小循环的切换,保证发动机在正常的温度下工作。大循环时,冷却液通过散热器;小循环时,节温器关闭,冷却液不通过散热器。冷却系统大、小循环路线如图2-5-3所示。

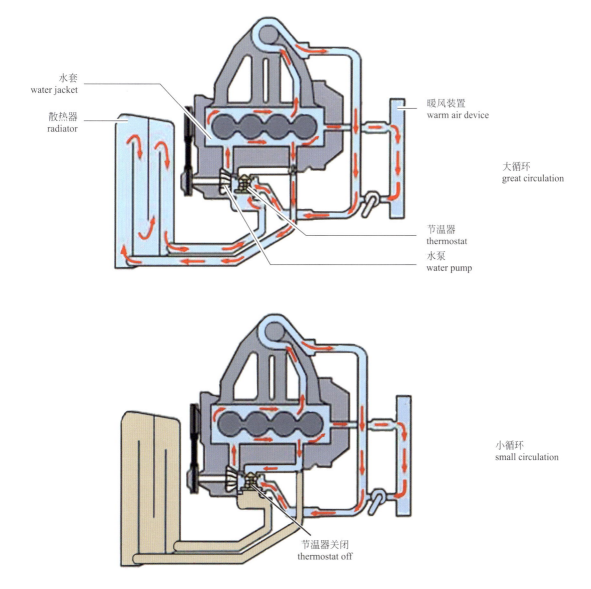

图 2-5-3　冷却液大、小循环路线

2.5.4 新型冷却系统

冷却系统从开始时由节温器控制的简单水冷循环回路已发展到今天复杂的热量管理系统，采用电动水泵和电子节温器，冷却液温度通过电子设备可以进行更为精准地控制，满足发动机在各个工况下对温度的需求（图2-5-4）。

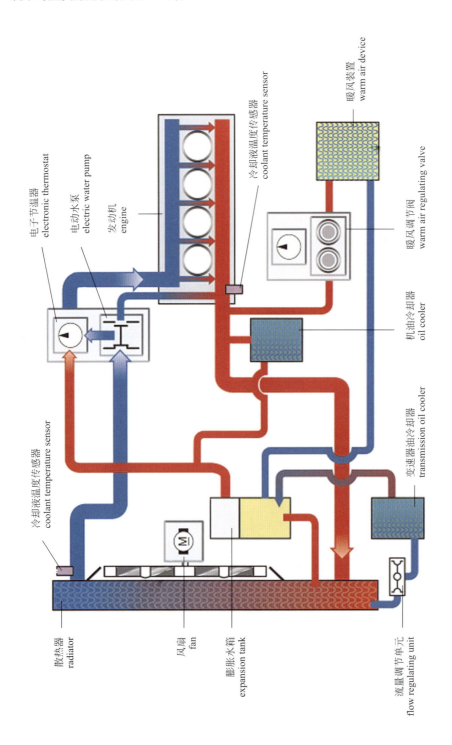

图2-5-4 采用热量管理系统的冷却系统

2.5 冷却系统

大众EA888发动机创新型热量管理系统（ITM）可实现全可变发动机温度调节，对冷却液的流动进行目标控制。该系统的核心元件是发动机温度调节执行器（旋转滑阀组件），安装在气缸盖下方进气侧曲轴箱上（图2-5-5）。

图2-5-5 旋转滑阀组件安装位置

2.6 发动机电控燃油喷射系统

2.6.1 发动机电控燃油喷射系统的组成

发动机电控燃油喷射系统（EFI）通过不同位置的传感器搜集各种运行参数并传递给电控单元（ECU），然后由ECU根据收集到的数据进行计算后向各个执行元件发出控制信号，使发动机正常运转。发动机电控燃油喷射系统大致可分为空气供给系统、燃油供给系统和控制系统三个部分（图2-6-1）。

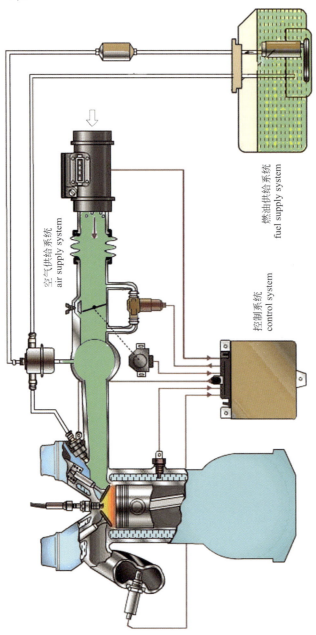

图 2-6-1 发动机电控燃油喷射系统的组成

2.6 发动机电控燃油喷射系统

图2-6-2所示为发动机电控系统主要部件组成。

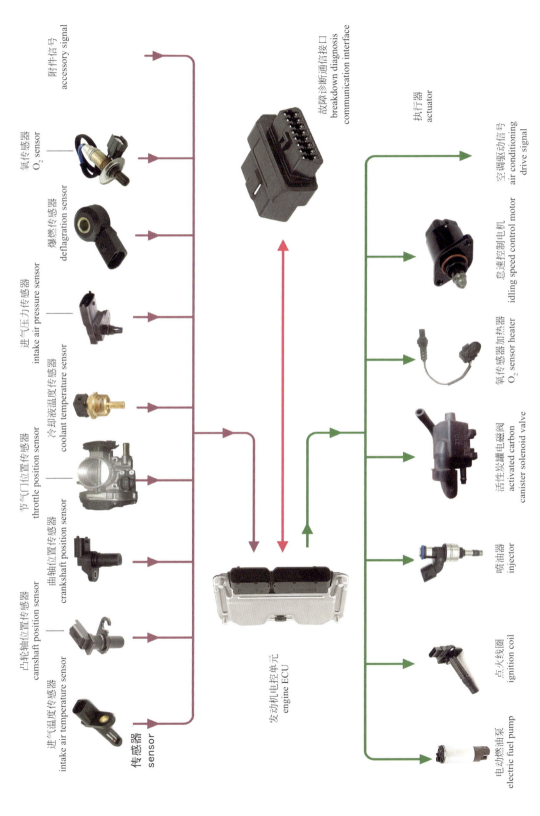

图 2-6-2 发动机电控系统主要部件组成

2.6.2 发动机电控系统主要部件

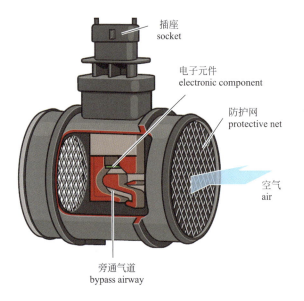

图 2-6-3 空气流量传感器

（1）空气流量传感器

空气流量传感器如图 2-6-3 所示。在 L 型电控燃油喷射系统中，由空气流量传感器测量发动机的进气量，并将其转换成电信号输入 ECU，作为燃油喷射和点火控制的主控制信号。

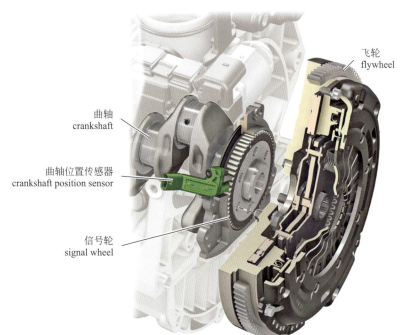

图 2-6-4 曲轴位置传感器

（2）曲轴位置传感器

曲轴位置传感器（也称发动机转速传感器）用来检测曲轴转角位移，给 ECU 提供发动机转速信号和曲轴转角信号，作为喷油正时控制和点火正时控制的主控制信号（图 2-6-4）。

（3）凸轮轴位置传感器

凸轮轴位置传感器给ECU提供曲轴转角基准位置信号，作为喷油正时控制和点火正时控制的主控制信号，凸轮轴位置传感器多安装在凸轮轴上（图2-6-5）。

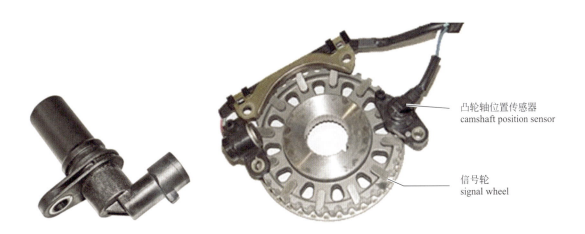

图 2-6-5　凸轮轴位置传感器

（4）氧传感器

氧传感器检测排气中的氧含量，向ECU输送空燃比的反馈信号，进行喷油量的闭环控制，氧传感器通常安装在发动机排气管上（图2-6-6）。

图 2-6-6　氧传感器

（5）喷油器

喷油器可根据ECU的喷油脉冲信号，精确计量燃油喷射量，将燃油以一定压力喷出并雾化（图2-6-7）。

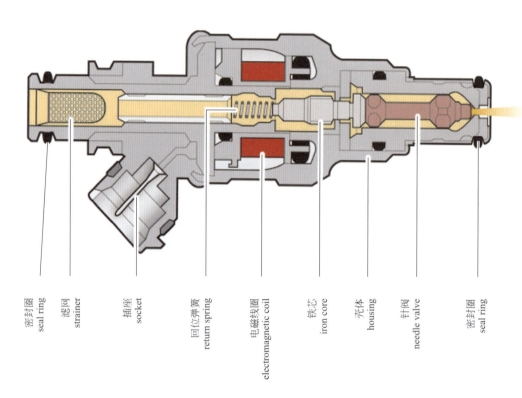

图2-6-7 喷油器

2.6 发动机电控燃油喷射系统

（6）电动燃油泵

电动燃油泵用于建立油压，供给燃油喷射系统规定压力的燃油（图2-6-8）。

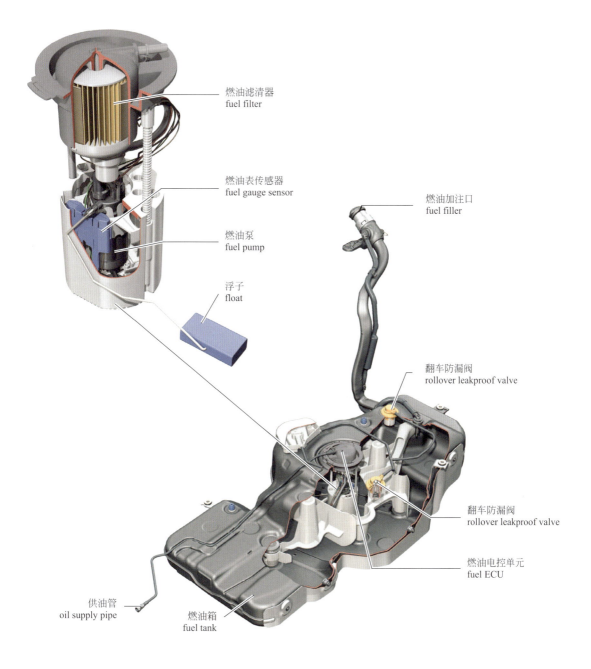

图 2-6-8 电动燃油泵

电动燃油泵的内部结构如图2-6-9所示。

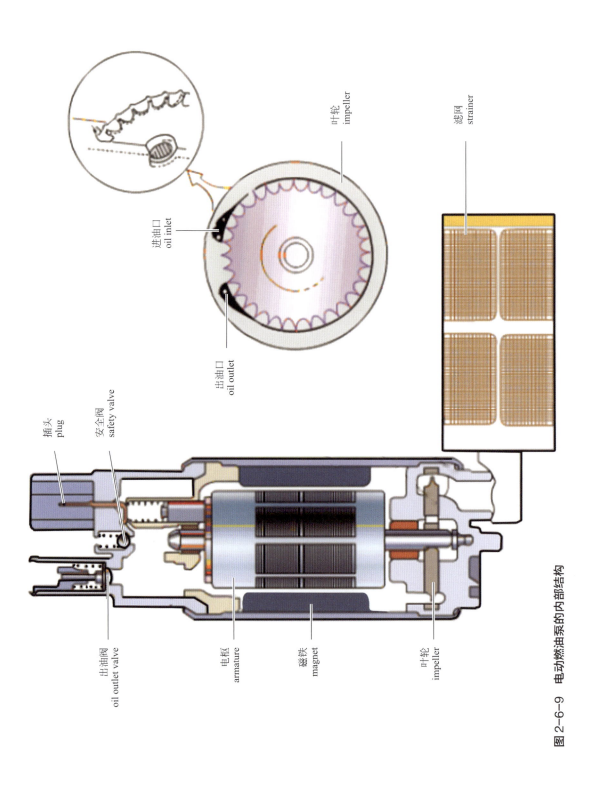

图2-6-9 电动燃油泵的内部结构

2.6.3 发动机燃油双喷系统

发动机燃油双喷系统是指有两种油气混合方法。一种方法是使用高压燃油喷射系统在气缸内进行直接喷射（TSI）；另一种方法是使用进气歧管燃油喷射系统（MPI）。采用燃油双喷系统，可兼顾发动机在不同工况下的效率，还可降低排放。

图2-6-10所示为四缸发动机燃油双喷系统示意。

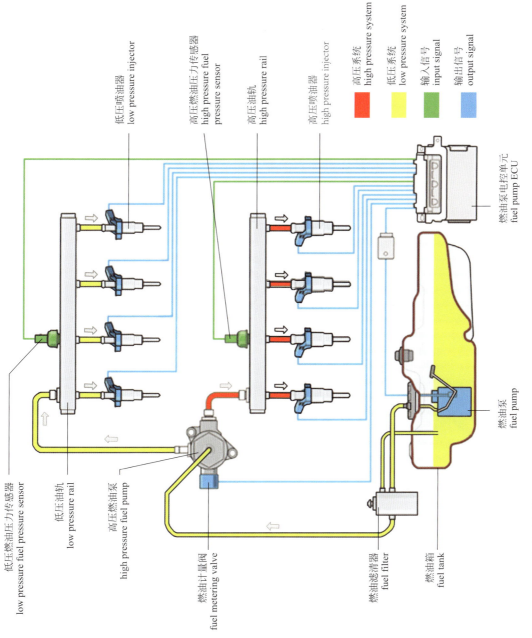

图2-6-10 四缸发动机燃油双喷系统示意

图2-6-11所示为四缸发动机燃油双喷系统结构。

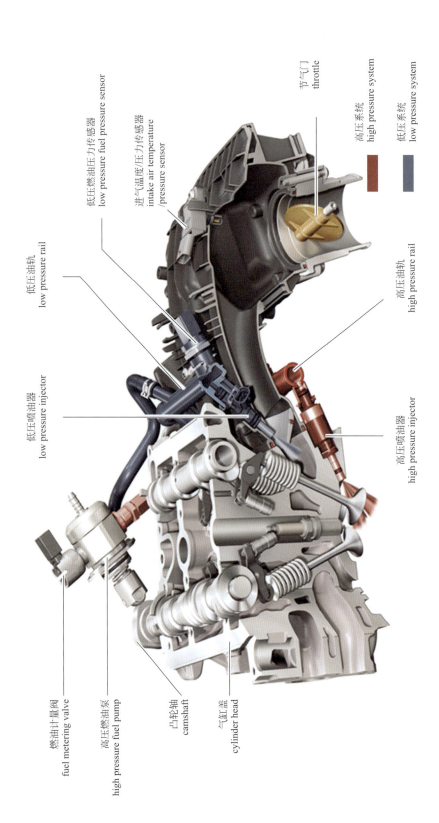

图2-6-11 四缸发动机燃油双喷系统结构

2.6 发动机电控燃油喷射系统

图2-6-12所示为四缸发动机燃油双喷系统进气歧管零件布置。

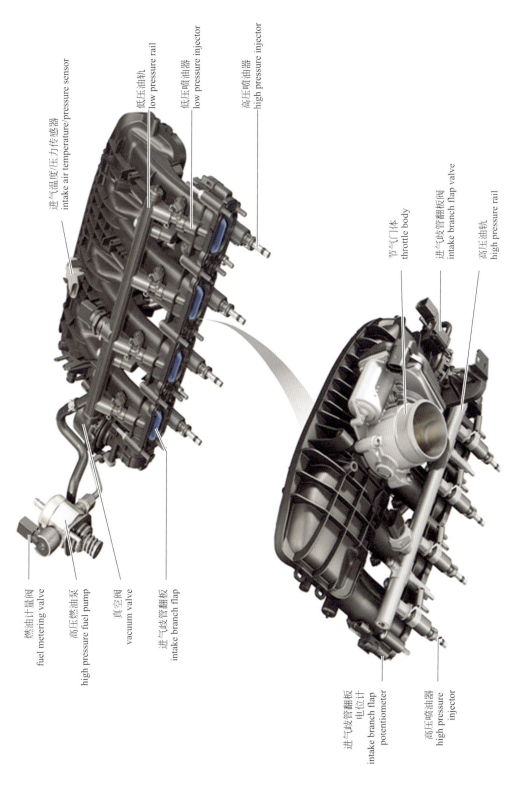

图 2-6-12　四缸发动机燃油双喷系统进气歧管零件布置

图2-6-13所示为六缸发动机燃油双喷系统结构。

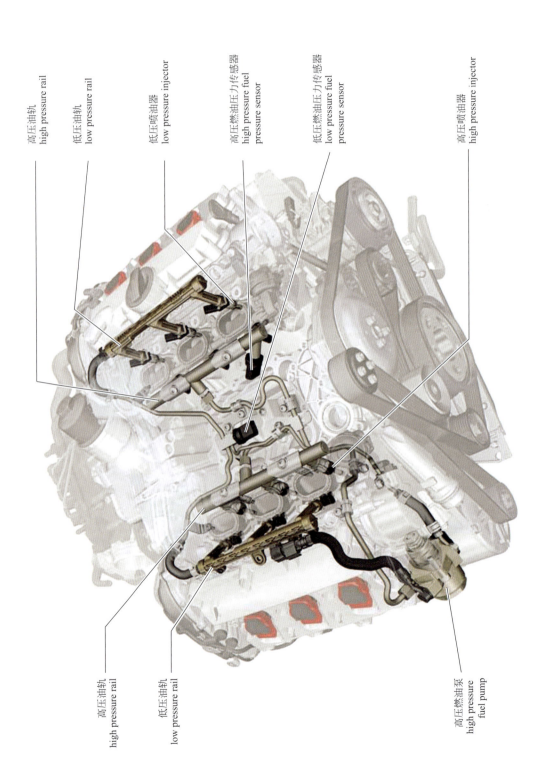

图2-6-13 六缸发动机燃油双喷系统结构

2.7 进、排气系统

2.7.1 进气系统

进气系统的主要功用是为发动机输送清洁、干燥、充足而稳定的空气以满足发动机的需求，避免空气中杂质及大颗粒粉尘进入发动机燃烧室造成发动机异常磨损。进气系统的主要部件有空气滤清器、进气管、节气门体和进气歧管等组成（图2-7-1）。

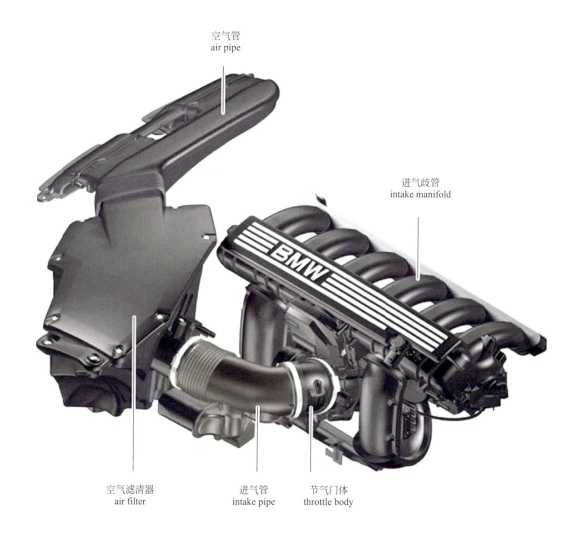

图2-7-1　进气系统的组成

V形六缸发动机进气系统的组成如图2-7-2所示。

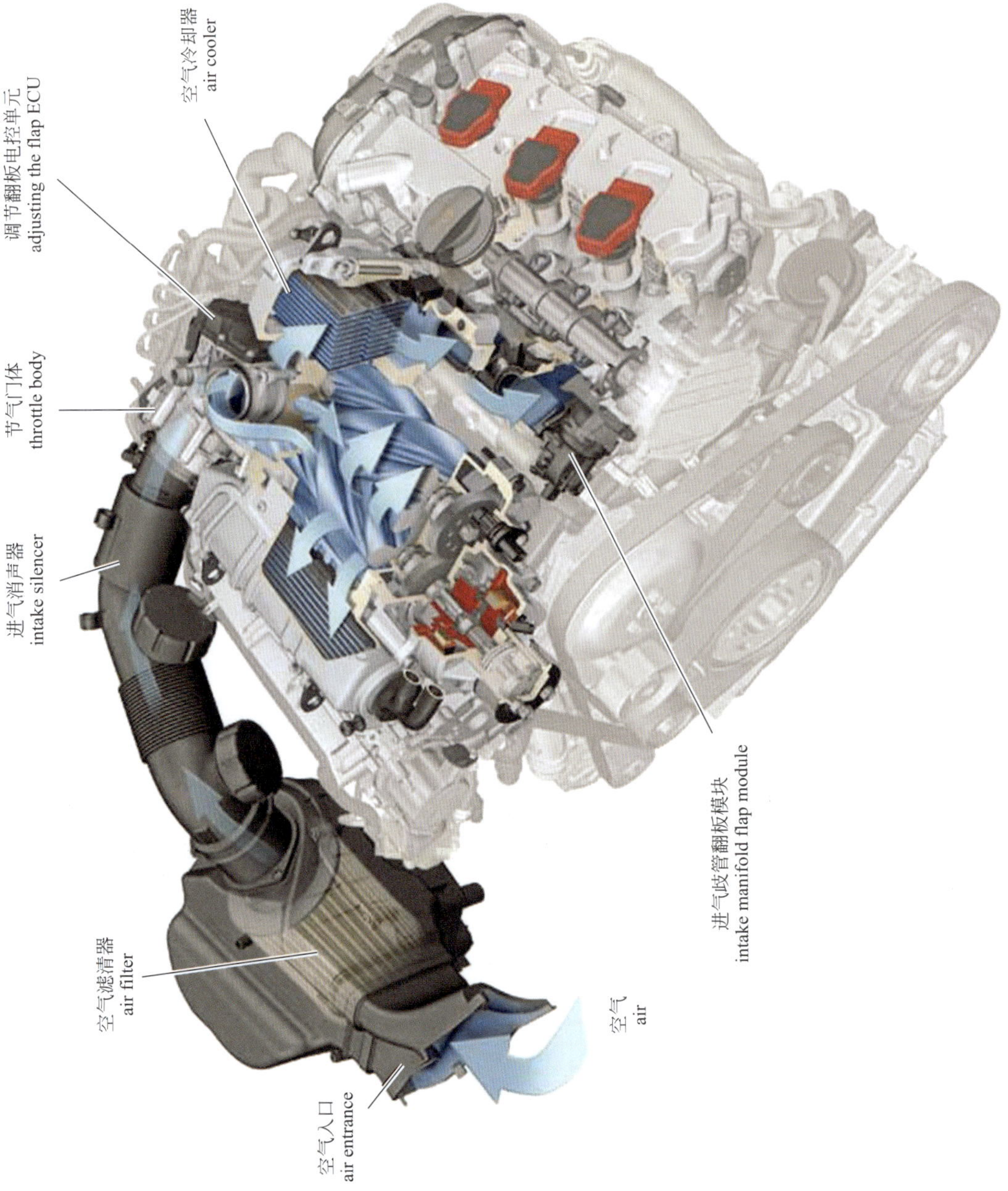

图 2-7-2　V形六缸发动机进气系统的组成

(1)进气歧管翻板

通过控制进气歧管翻板的开闭,可以满足发动机在不同工况下的充气需求。当发动机在低速运转时,翻板关闭,减小进气通道的横截面,增加气流流速,利于混合气的形成与雾化;当发动机高速运转时,翻板打开,增大进气通道的横截面,增加进气量,提高输出功率(图2-7-3、图2-7-4)。

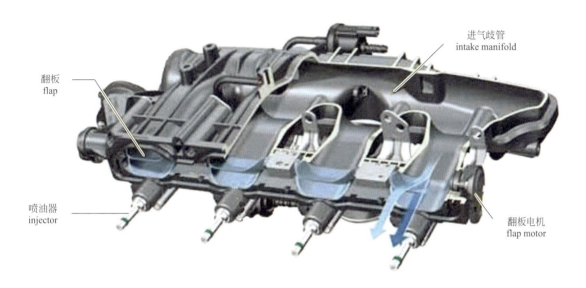

图 2-7-3 进气歧管翻板装置的结构

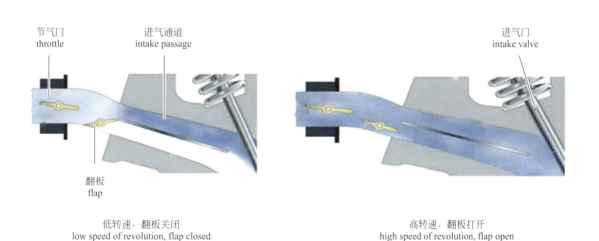

图 2-7-4 进气歧管翻板装置的工作原理

(2)可变进气歧管

可变进气歧管采用三级可变的进气歧管,来提高发动机转矩。利用两个切换翻板可实现三种不同进气歧管长度,改变进气量(图2-7-5)。第一级,发动机怠速,两翻板均关闭,进气通道最长;第二级,发动机中等转速,二级翻板打开,进气通道变短;第三级,发动机较高转速,两翻板均打开,进气通道最短。

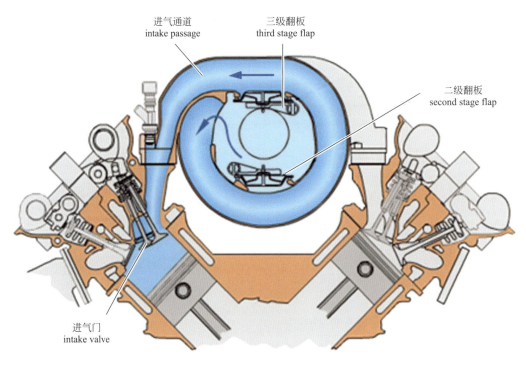

图2-7-5 可变进气歧管

2.7 进、排气系统

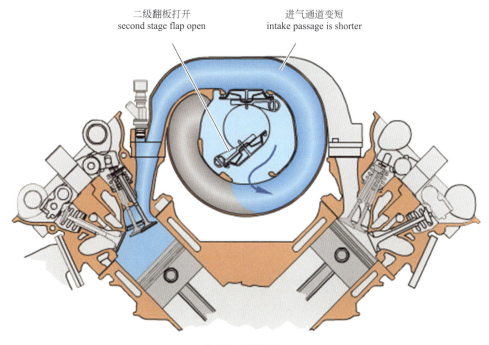

第二级，中等转速
second stage, medium speed

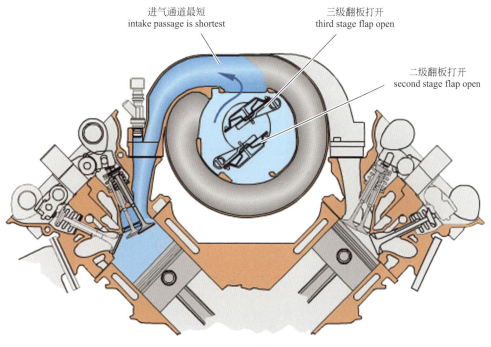

第三级，较高转速
third stage, higher speed

2.7.2 涡轮增压器

（1）涡轮增压系统的功用与组成

涡轮增压是利用发动机排出的废气驱动涡轮增压器实现发动机进气增压的方法，从而提高发动机的功率和转矩。涡轮增压系统的组成如图2-7-6所示。

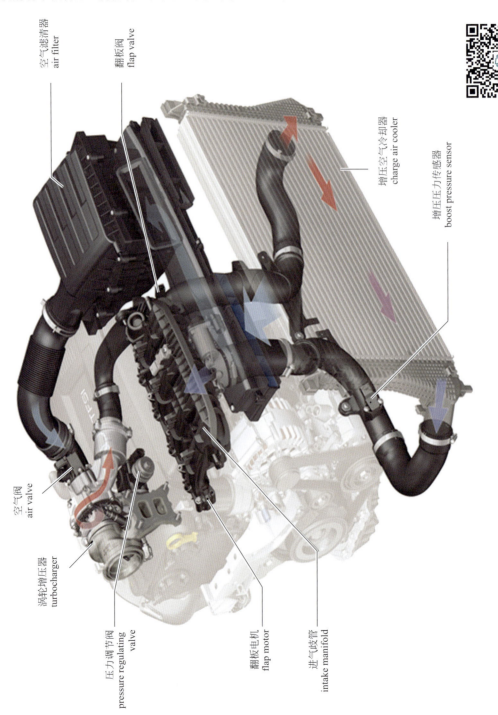

图2-7-6 涡轮增压系统的组成

（2）涡轮增压系统的工作原理

发动机排出的高温高速废气，经排气管供入涡轮增压器，推动涡轮旋转，涡轮再带动与它同轴的压气机叶轮旋转。压气机将吸入的空气压缩，提高了压力的空气流经发动机进气管，供入气缸，从而达到增压的目的。涡轮增压系统的工作原理如图2-7-7所示。

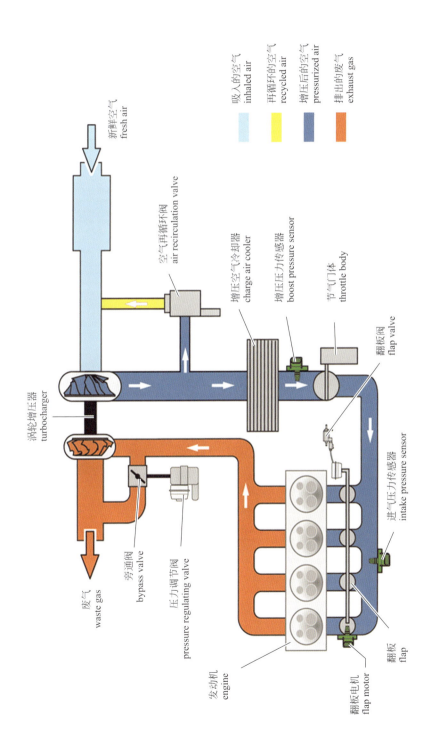

图 2-7-7 涡轮增压系统的工作原理

（3）涡轮增压器的结构

涡轮增压器的结构如图2-7-8所示。

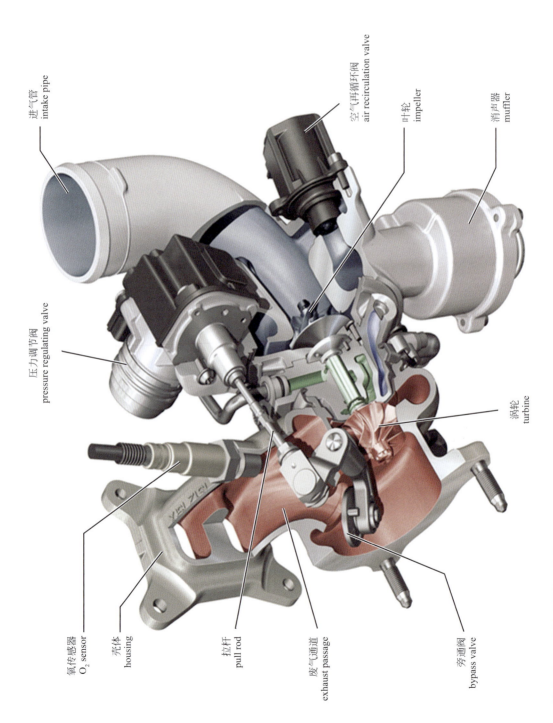

图2-7-8 涡轮增压器的结构

2.7.3 曲轴箱强制通风装置

（1）曲轴箱强制通风装置的组成

曲轴箱强制通风装置的功用是将窜入曲轴箱内的气体导入发动机进气系统，使之重新燃烧，降低排放污染。曲轴箱强制通风装置主要由PCV阀、PCV管和平衡管组成（图2-7-9）。

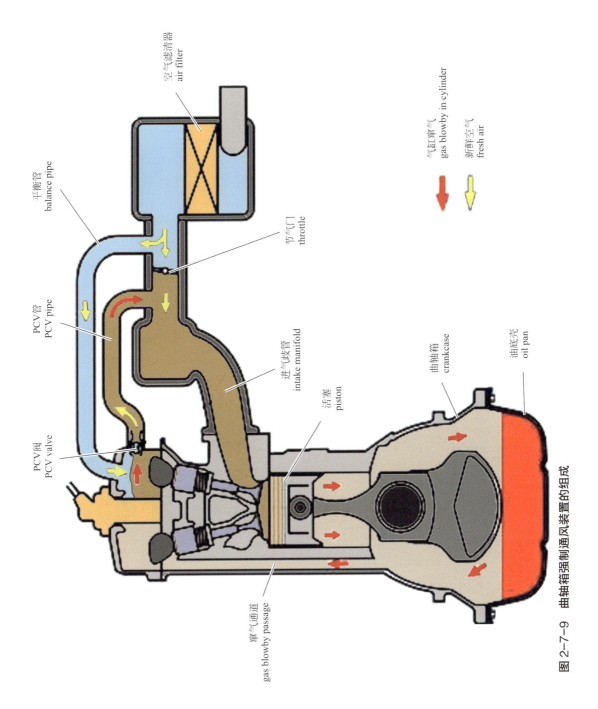

图2-7-9 曲轴箱强制通风装置的组成

（2）大众EA888发动机曲轴箱强制通风装置

大众EA888发动机曲轴箱强制通风装置如图2-7-10所示。

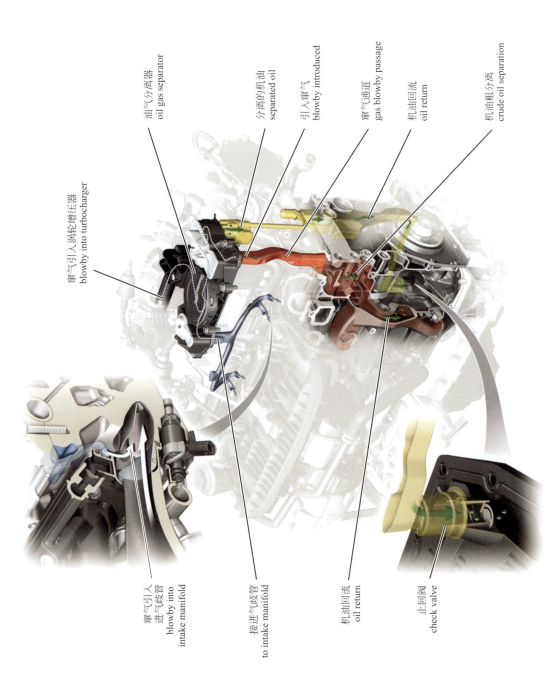

图2-7-10 大众EA888发动机曲轴箱强制通风装置

2.7 进、排气系统

油气分离器的结构如图2-7-11所示。

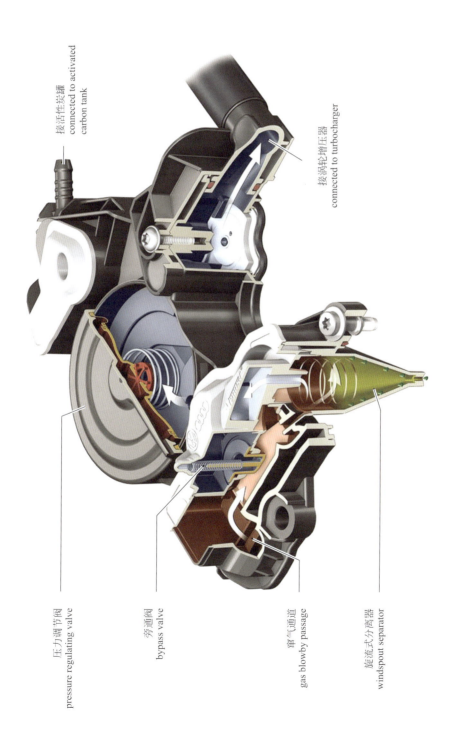

图2-7-11 油气分离器的结构

PCV 阀的位置如图 2-7-12 所示。

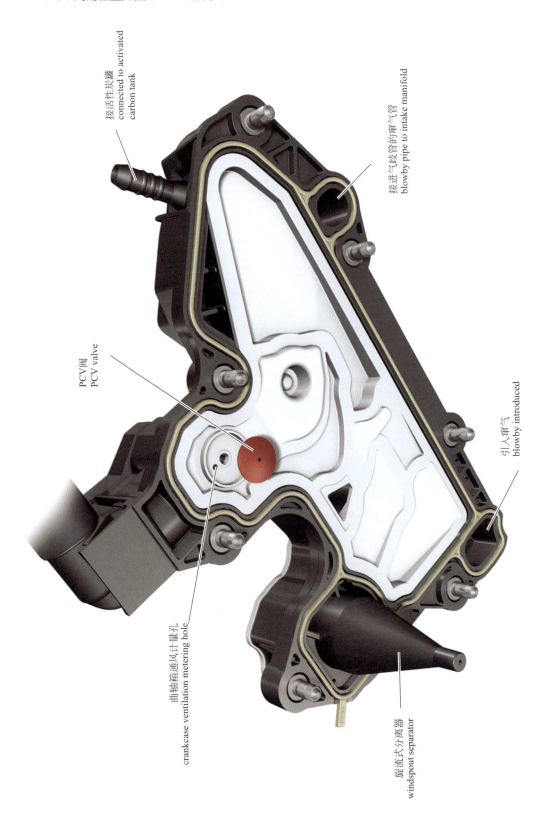

图 2-7-12　PCV 阀的位置

2.7 进、排气系统

（3）V形六缸发动机曲轴箱强制通风装置

V形六缸发动机曲轴箱强制通风装置如图2-7-13所示。

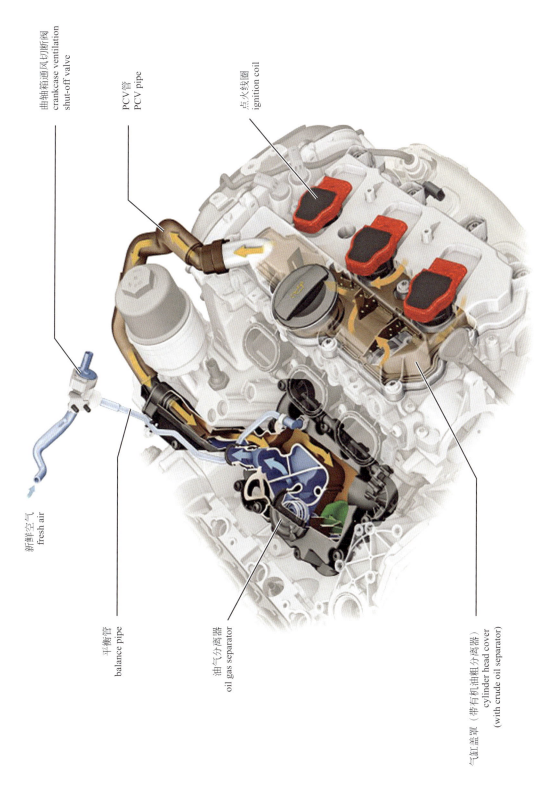

图2-7-13 V形六缸发动机曲轴箱强制通风装置

2.7.4 排气系统

排气系统的主要功用是排出气缸内燃烧的废气,主要由排气歧管、三元催化转换器、前氧传感器、后氧传感器、消声器和排气管等组成(图2-7-14)。

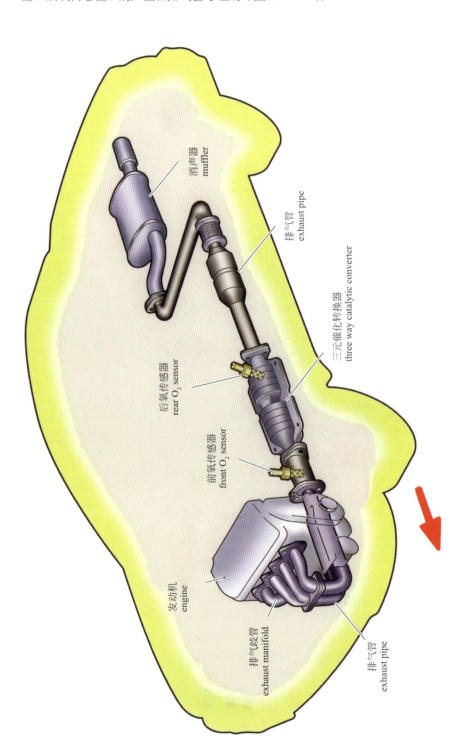

图2-7-14 排气系统的组成

排气消声器的作用是降低发动机的排气噪声的排气温度，消除废气中的火焰和火星。图2-7-15所示为排气消声器的结构。

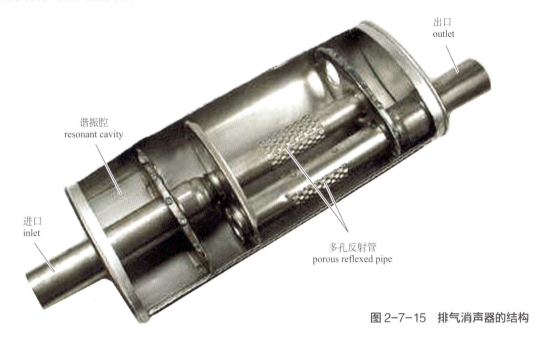

图 2-7-15　排气消声器的结构

三元催化转换器安装在排气管中部，其功能是利用转换器中的三元催化剂的作用，将发动机排出废气中的有害气体如碳氢化合物（HC）、一氧化碳（CO）、氮氧化合物（NO_x）转变为无害二氧化碳（CO_2）、水（H_2O）及氮气（N_2）。三元催化转化器一般由壳体、密封层（减振层）、载体等组成（图2-7-16）。

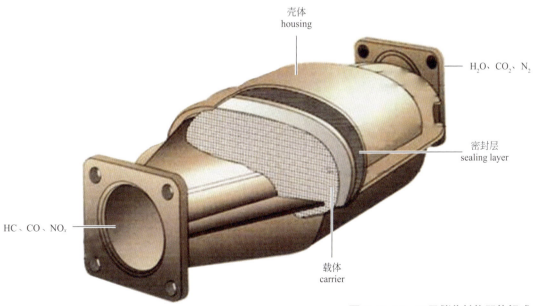

图 2-7-16　三元催化转换器的组成

2.8 柴油发动机电控系统

2.8.1 高压共轨系统

柴油喷射技术经历了传统的纯机械操纵式喷油和现代的电控操纵式喷油这两个发展阶段。目前电控喷油技术已从初期的位置控制型发展到时间控制型。现代电控喷油技术实现的手段主要有电控泵喷嘴、电控单体泵以及电控高压共轨系统。高压共轨系统四大组件如图2-8-1所示。

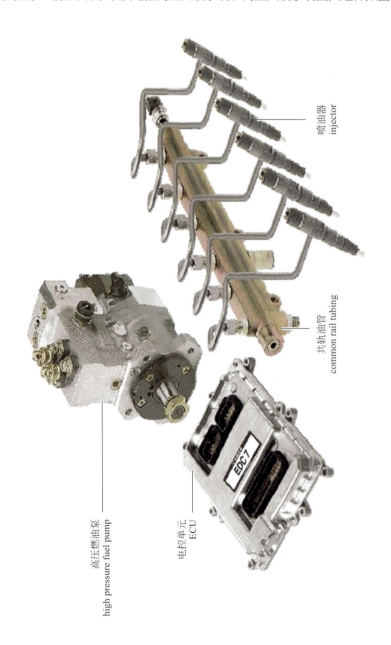

图2-8-1 高压共轨系统四大组件

喷油器 injector
共轨油管 common rail tubing
高压燃油泵 high pressure fuel pump
电控单元 ECU

2.8 柴油发动机电控系统

图2-8-2所示为高压共轨系统主要部件组成，发动机转速、加速踏板位置、温度、压力等传感器和开关信号输入ECU后，ECU对这些信号进行分析、处理，计算出最佳供油量和喷油提前角，从而实现对喷油参数的精确控制。

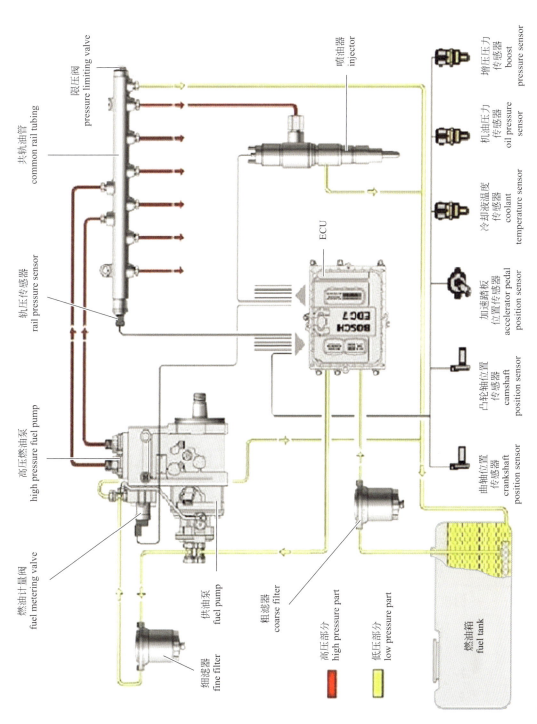

图2-8-2 高压共轨系统主要部件组成

2.8.2 柴油机SCR系统

SCR是Selective（选择性）、Catalytic（催化）、Reduction（还原）的英文缩写，全称为选择性催化还原，是柴油机尾气处理的一种方式（可称为尿素喷射系统）。目前采用的还原剂是尿素，可降低柴油机尾气中的NO和NO_2排放。

（1）SCR系统组成

柴油机SCR系统主要由控制单元（ECU）、尿素供给单元（尿素泵）、尿素喷嘴、尿素箱、后处理器及加热系统等组成（图2-8-3）。

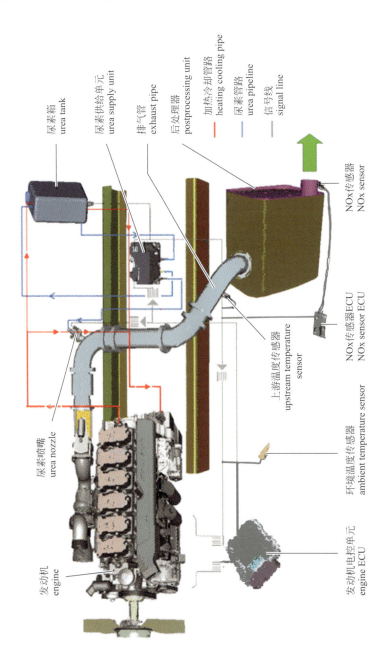

图2-8-3 柴油机SCR系统组成

（2）SCR系统工作原理

当SCR系统工作时，ECU接收柴油机的转速和转矩信号以及排气管中的排气温度信号后，查找存储的尿素喷射脉谱图，计算出此时的尿素喷射量。当排气温度达到180℃时，ECU控制尿素泵动作，进行预注过程。如果预注过程顺利完成，排气温度达到200℃以上时，ECU驱动尿素喷嘴动作，将一定量的尿素喷入SCR催化器入口前端（图2-8-4）。在排气管的混合区，尿素遇高温分解成NH_3和CO_2，与排气充分混合后进入SCR反应装置。在催化反应区，NH_3和NO_x反应生成N_2和H_2O，排到大气中。

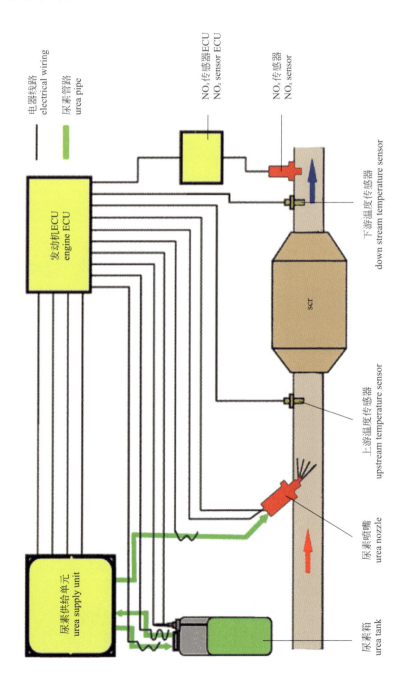

图 2-8-4 SCR 系统控制原理

PART 3

第3章 底盘

3.1 认识底盘
3.2 传动系统
3.3 行驶系统
3.4 转向系统
3.5 制动系统

3.1 认识底盘

3.1.1 底盘的基本组成

汽车底盘由传动系统、行驶系统、转向系统和制动系统组成,其功用为接受发动机的动力,使汽车运动并保证汽车能够按照驾驶员的操纵正常行驶(图3-1-1)。

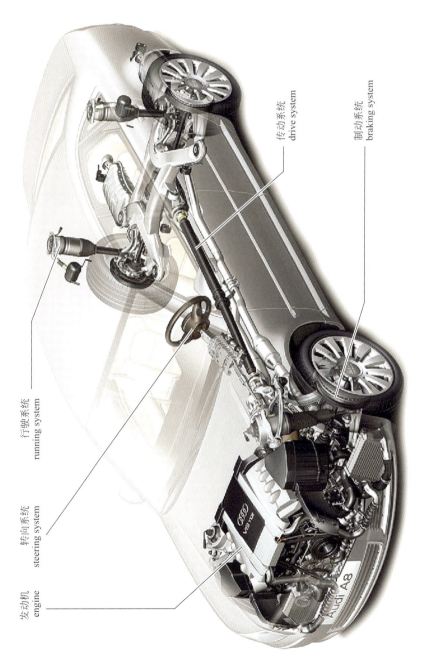

图 3-1-1 底盘的基本组成

3.1.2 底盘的总体构造

（1）传动系统

传动系统是指从发动机到驱动车轮之间所有动力传递装置的总称。传动系统的功用是将发动机的动力传给驱动车轮。传动系统一般是由离合器、变速器、万向传动装置、驱动桥等组成（图3-1-2）。

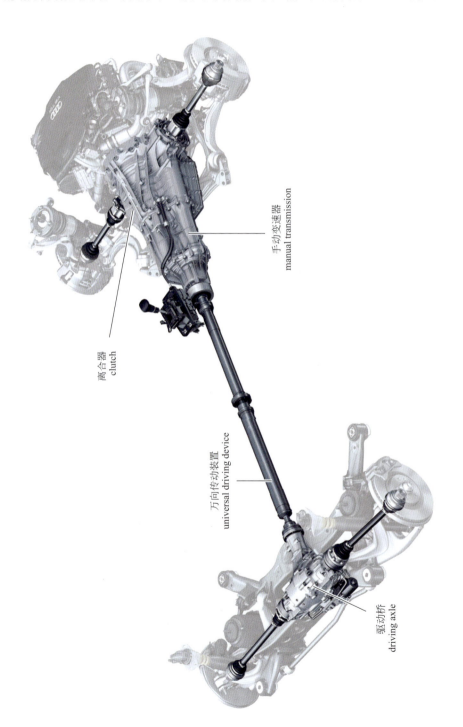

图3-1-2 传动系统的组成

（2）行驶系统

行驶系统的功用是支承、安装汽车的各零部件总成，传递和承受车上、车下各种载荷的作用，缓和冲击、减少振动，以保证汽车的平稳行驶。行驶系统主要由车架（车身）、车桥、悬架、车轮等组成（图3-1-3）。

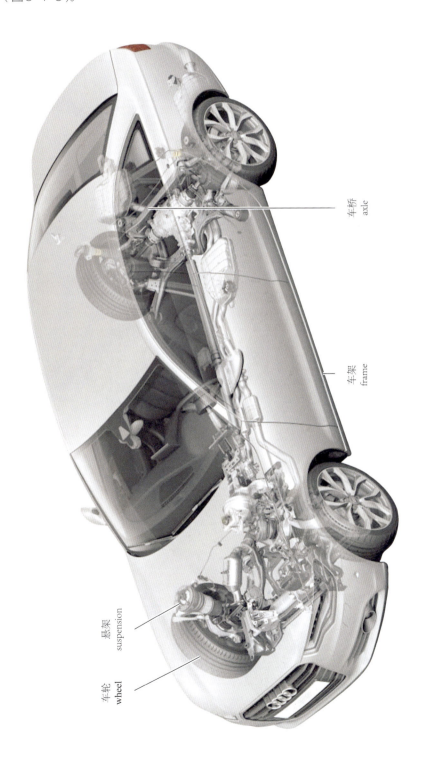

图3-1-3 行驶系统的组成

（3）转向系统

转向系统的功用是保证汽车能够按照驾驶员选定的方向行驶。转向系统主要由转向操纵机构（包括转向盘、转向轴等）、转向器和转向传动机构（包括转向横拉杆、转向节臂、转向节、转向轮等）等组成（图3-1-4）。现代汽车普遍采用动力转向装置，电控转向系统应用也越来越广泛。

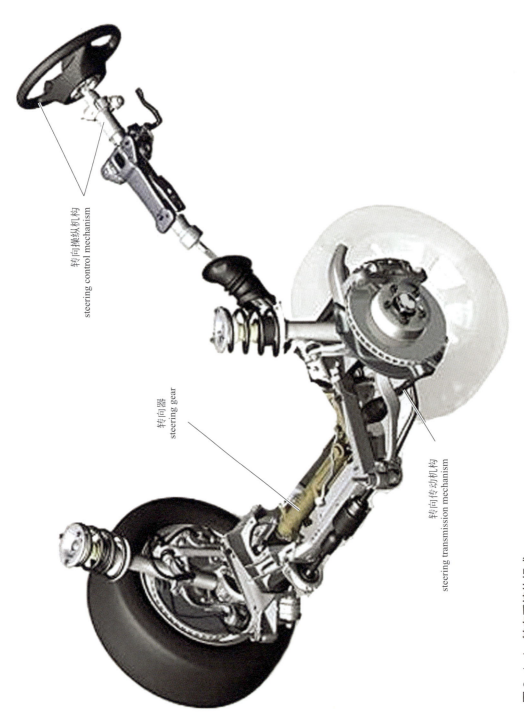

图3-1-4 转向系统的组成

（4）制动系统

制动系统的功用是使汽车减速、停车并能保证可靠地驻停。汽车制动系统一般包括行车制动系统和驻车制动系统两套相互独立的制动系统，每套制动系统都包括制动器和制动传动机构（图3-1-5）。

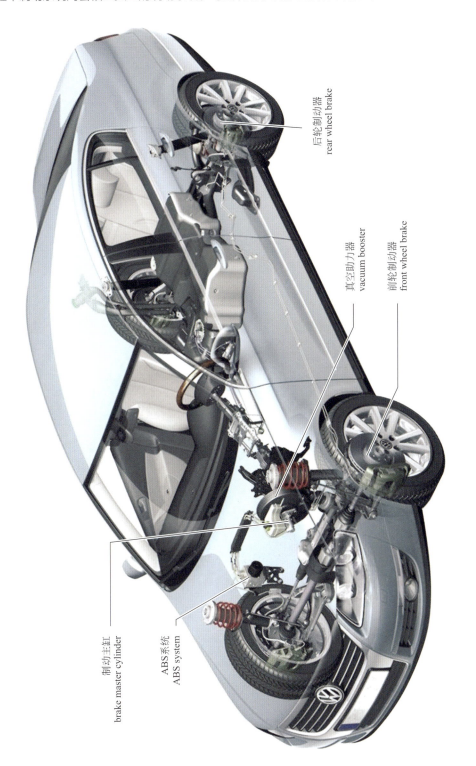

图 3-1-5　制动系统的组成

3.2 传动系统

3.2.1 离合器

（1）离合器的结构功用

离合器的主要功用是保证汽车平稳起步，便于汽车在行驶中切换挡位，防止传动系统过载（图3-2-1）。

图 3-2-1　离合器的结构

（2）离合器的组成部分

离合器由主动部分（飞轮、离合器盖、压盘）、从动部分（从动盘，俗称离合器片）、压紧机构（膜片弹簧或螺旋弹簧）和操纵机构（离合器主缸、离合器工作缸、分离轴承、分离套筒、分离叉、离合器踏板等）四部分组成，如图3-2-2所示。

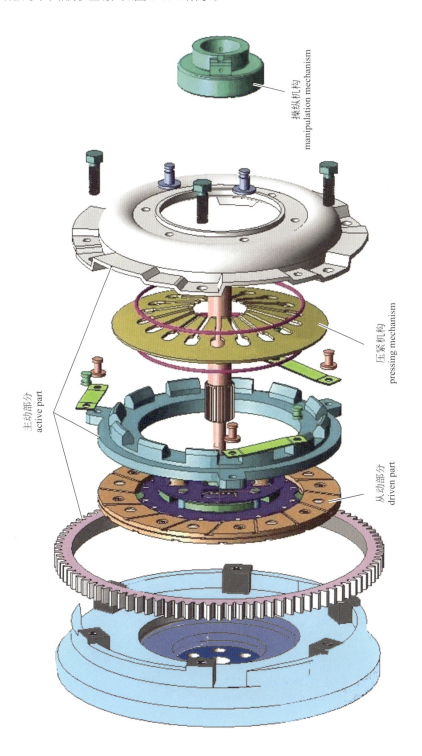

图 3-2-2 离合器的组成部分

PART 3 第3章 底盘

离合器的主要部件如图3-2-3所示。

膜片弹簧 diaphragm spring

离合器盖 clutch cover

压盘 pressure plate

从动盘 driven plate

飞轮 flywheel

飞轮齿圈 flywheel ring gear

图 3-2-3 离合器的主要部件

从动盘主要由从动盘本体、摩擦片（也称摩擦衬片）和从动盘花键毂（也称从动盘毂）等组成，从动盘带有双面的摩擦片，离合器正常接合时分别与飞轮和压盘相接触，如图3-2-4所示。

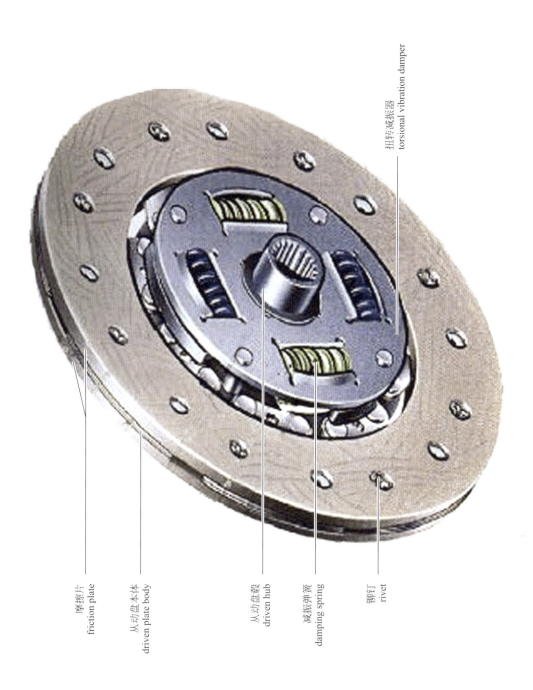

图3-2-4 从动盘

为消除传动系统的扭转振动，从动盘一般都带有扭转减振器，其分解如图3-2-5所示。

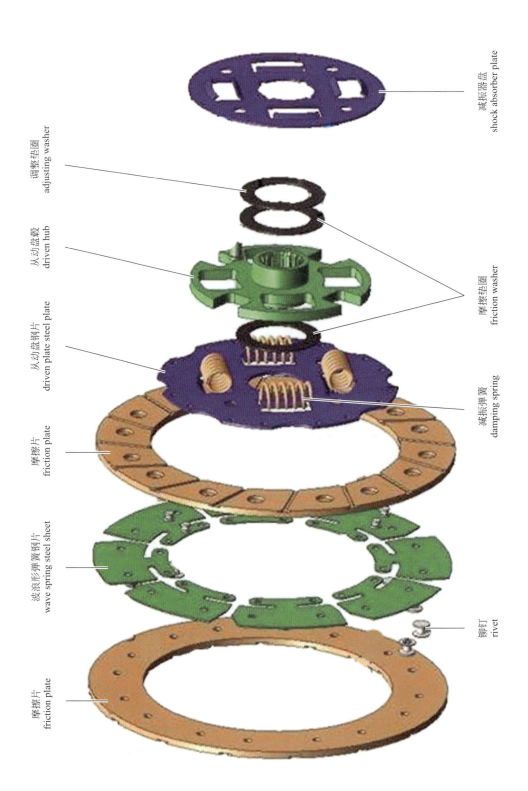

图 3-2-5　带扭转减振器的从动盘分解

3.2 传动系统

离合器的操纵机构是驾驶员用以使离合器分离、又使之柔和接合的一套机构。操纵机构主要由离合器踏板、主缸、工作缸、离合器轴（即变速器一轴或输入轴）、分离轴承、分离套筒、分离叉等组成（图3-2-6）。

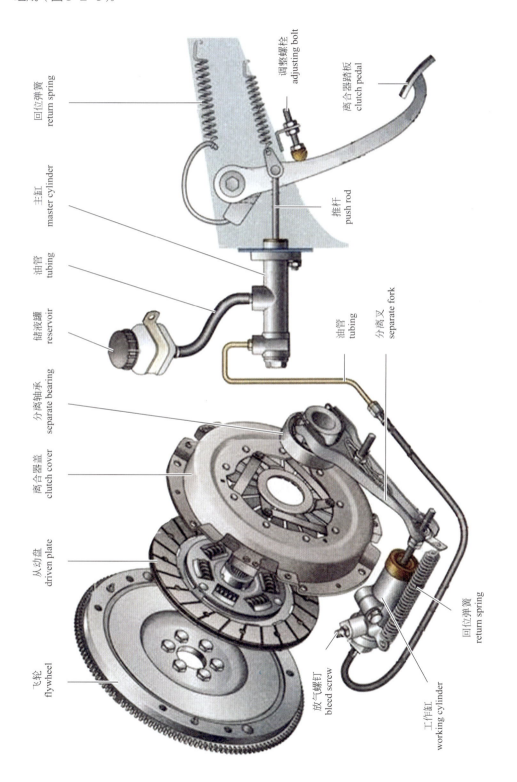

图3-2-6 离合器液压操纵机构

（3）离合器的工作原理

接合状态：如图3-2-7所示，不踩离合器踏板时，在压紧弹簧的作用下，压盘将从动盘紧紧地压在飞轮上，通过摩擦力将发动机的转矩传给手动变速器。

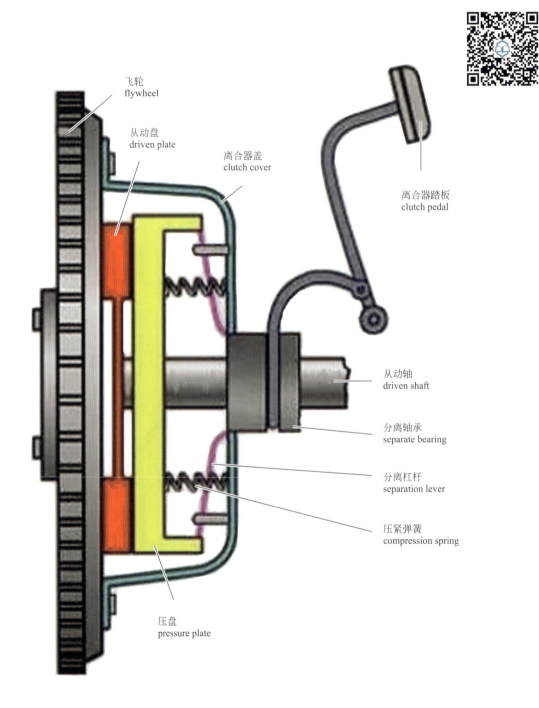

图3-2-7　离合器接合状态

分离过程：如图3-2-8所示，当踩下离合器踏板时，在分离机构的作用下，压盘与从动盘处于分离状态，中断动力的传递。

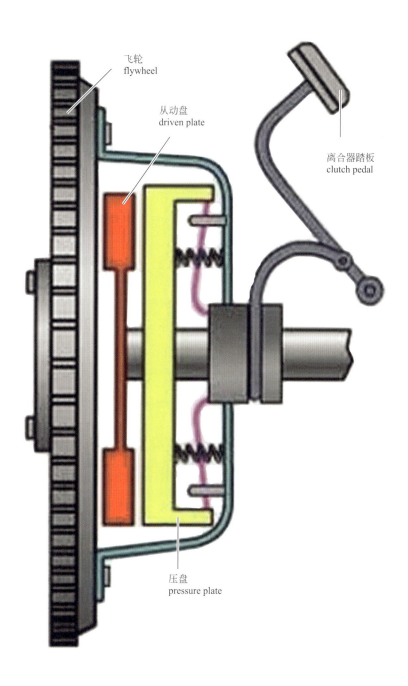

图 3-2-8　离合器分离过程

（4）双片离合器的基本结构

许多大型车辆（如大型货车），在单片离合器无法满足转矩要求的情况下，传动系统便采用了双片离合器。双片离合器是在单片离合器中增加了一个中间从动盘（即离合器片）和一个中间压盘（图3-2-9）。

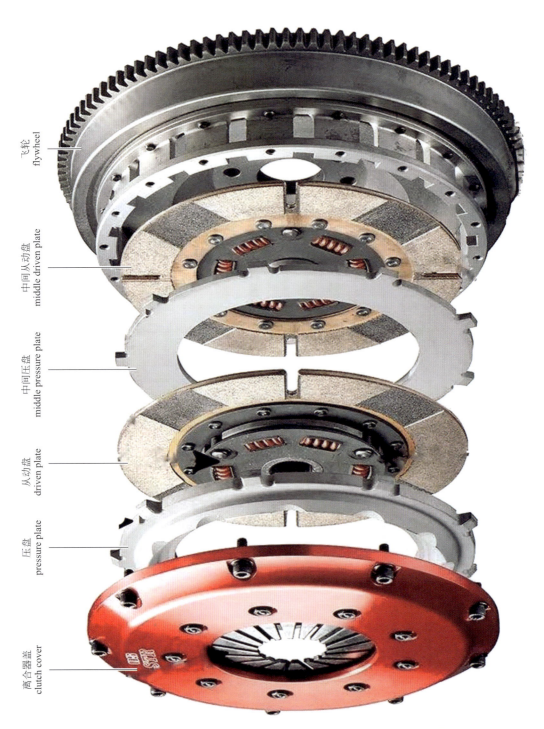

图3-2-9 双片离合器

3.2.2 手动变速器

（1）手动变速器的功用与结构

驾驶员通过用手操纵变速杆来选定挡位，并直接操纵变速器的换挡机构进行挡位变换。实现变速和变矩、倒车、中断动力传动。手动变速器主要由变速传动机构和操纵机构两大部分组成（图3-2-10）。

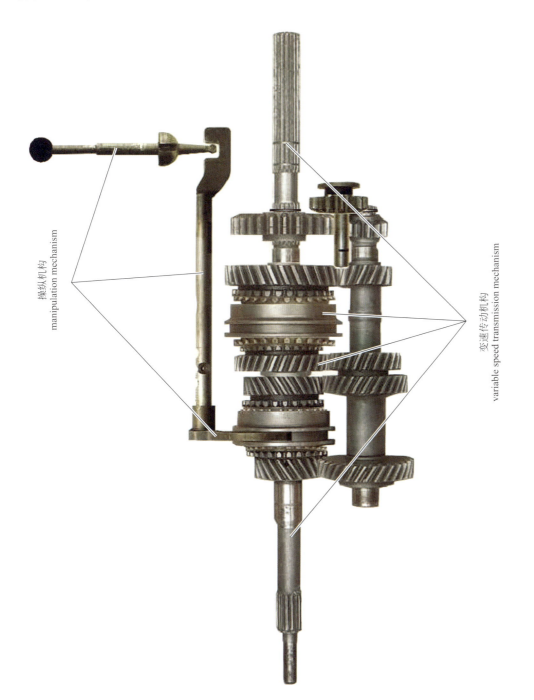

图 3-2-10　手动变速器的组成

手动变速器的结构如图3-2-11所示。

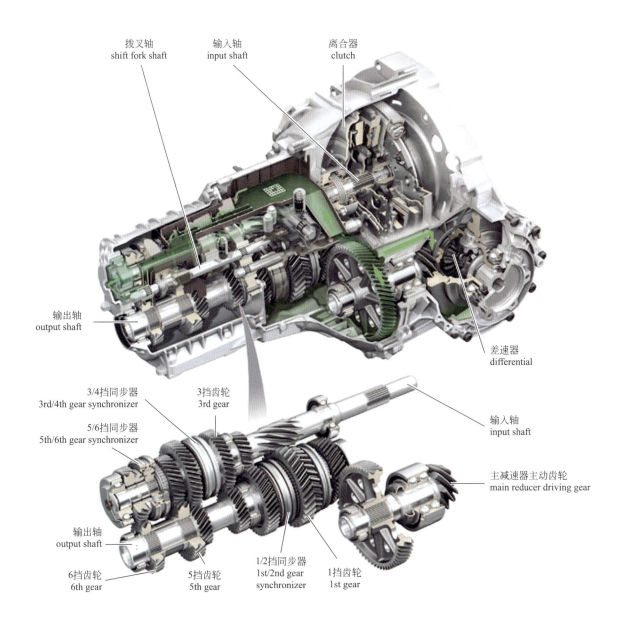

图3-2-11　手动变速器的结构

（2）变速器基本工作原理

普通齿轮变速器是利用不同齿数的齿轮啮合传动来实现转矩和转速的改变。一对齿轮传动只能得到一个固定的传动比，从而得到一种输出转速，并构成一个挡位。普通齿轮变速器通常都采用多组大小不同的齿轮啮合传动，这样就构成了多个不同的挡位。变速器基本工作原理如图3-2-12所示。

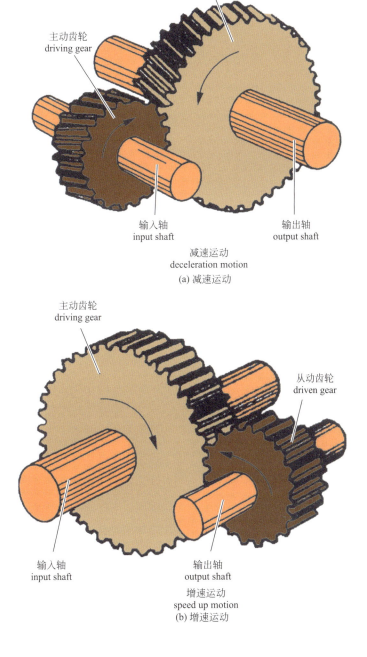

图 3-2-12　变速器基本工作原理

（3）5挡手动变速器动力传递路线

变速器位于空挡时，输出轴上的1/2挡同步器、输入轴上的3/4挡同步器及5挡同步器均处于中间位置，输出轴上各挡齿轮输出轴空转，没有动力输出，变速器在空挡位置工作[图3-2-13（a）]。

1挡动力传递路线［图3-2-13（b）］：1/2挡同步器接合套右移，发动机动力→输入轴→输入轴1挡齿轮→输出轴1挡齿轮→1/2挡同步器→输出轴→动力输出。

2挡动力传递路线［图3-2-13（c）］：1/2挡同步器接合套左移，发动机动力→输入轴→输入轴2挡齿轮→输出轴2挡齿轮→1/2挡同步器→输出轴→动力输出。

3挡的动力传递路线［图3-2-13（d）］：3/4挡接合套右移，发动机动力→输入轴→3/4挡同步器→输入轴3挡齿轮→输出轴3挡齿轮→输出轴→动力输出。

4挡的动力传递路线［图3-2-13（e）］：3/4挡接合套左移，发动机动力→输入轴→3/4挡同步器→输入轴4挡齿轮→输出轴4挡齿轮→输出轴→动力输出。

5挡的动力传递路线［图3-2-13（f）］：5挡接合套右移，发动机动力→输入轴→5挡同步器→输入轴5挡齿轮→输出轴5挡齿轮→输出轴→动力输出。

倒挡动力传递路线［图3-2-13（g）］：倒挡轴上的倒挡齿轮右移，发动机动力→输入轴→输入轴倒挡齿轮→倒挡齿轮（惰轮）→输出轴倒挡齿轮→输出轴→动力反向输出。

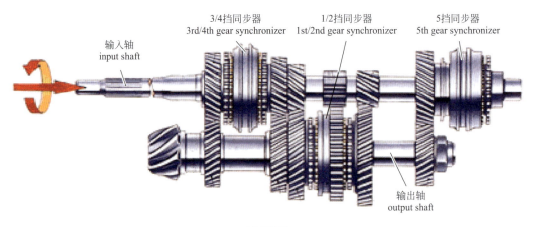

(a) 空挡时

图3-2-13

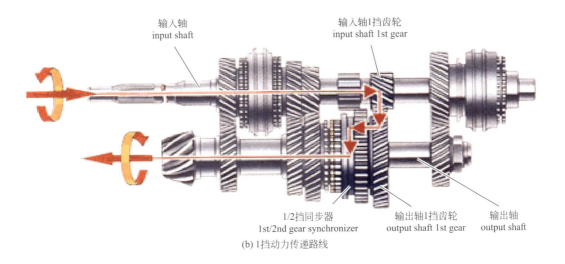

(b) 1挡动力传递路线

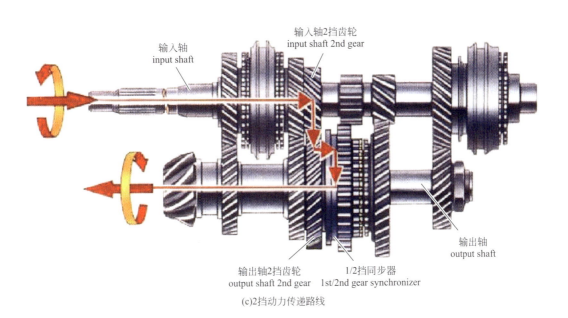

(c) 2挡动力传递路线

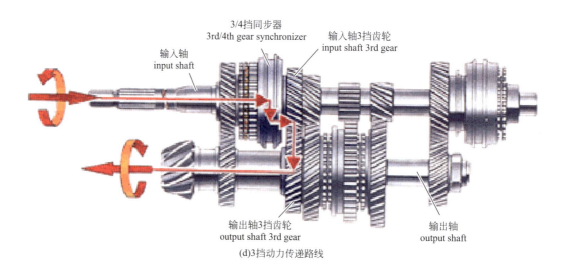

(d) 3挡动力传递路线

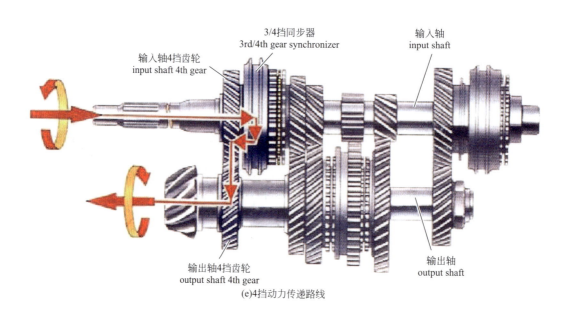

(e) 4挡动力传递路线

图 3-2-13　5挡手动变速器动力传递路线

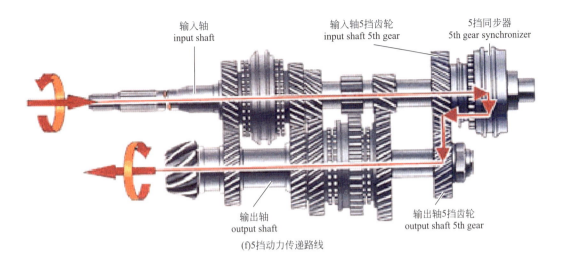

(f) 5挡动力传递路线

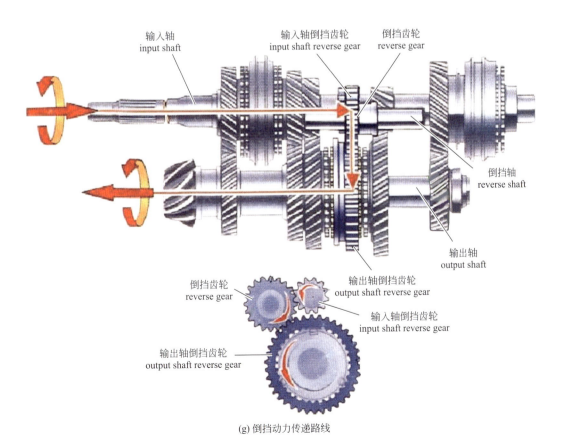

(g) 倒挡动力传递路线

（4）换挡操纵机构

换挡操纵机构的功用是保证驾驶员能准确可靠地将变速器挂入所需的挡位，并可随时退至空挡，主要由拨叉、拨叉轴、变速杆、自锁装置、互锁装置、倒挡锁装置等组成（图3-2-14）。

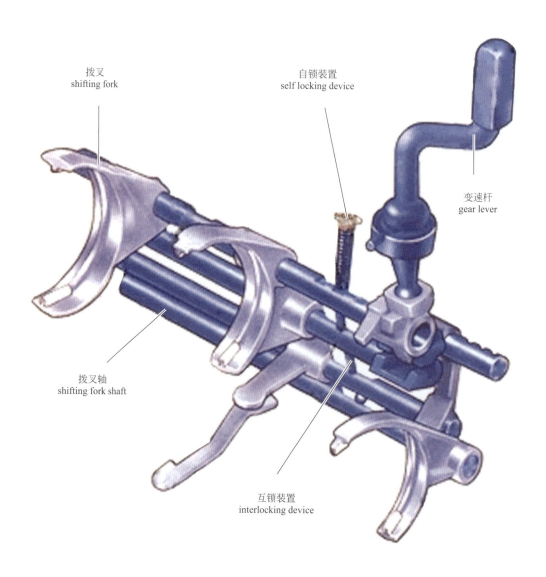

图 3-2-14　换挡操纵机构的组成

自锁装置用于防止变速器自动脱挡或挂挡,并保证齿轮以全齿长啮合(图3-2-15)。

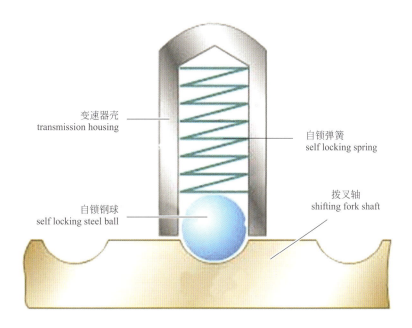

图 3-2-15　自锁装置

互锁装置用于防止同时挂上两个挡位,倒挡锁装置的作用是防止误挂入倒挡(图3-2-16)。

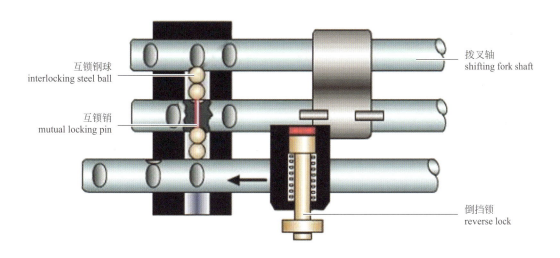

图 3-2-16　互锁装置

（5）同步器

同步器的作用就是使接合套与准备套入的齿圈之间迅速同步，并阻止它们在同步之前啮合。同步器可分为锁环式同步器和锁销式同步器（图3-2-17）。

锁环式同步器
lock ring synchronizer

锁销式同步器
lock pin synchronizer

(a) 实物

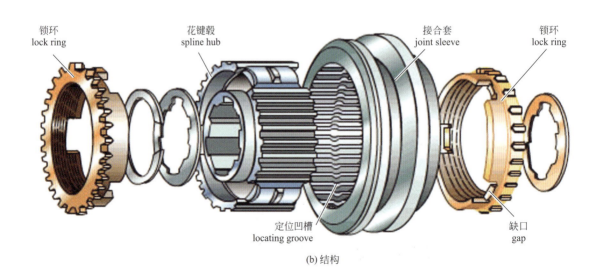

锁环 lock ring　花键毂 spline hub　接合套 joint sleeve　锁环 lock ring
定位凹槽 locating groove　缺口 gap

(b) 结构

图3-2-17　同步器

3.2 传动系统

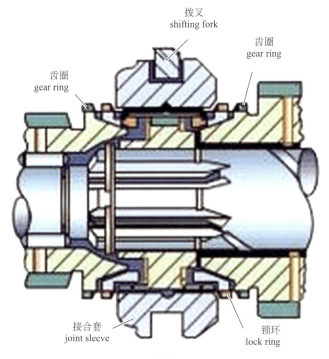

未啮合
not meshed

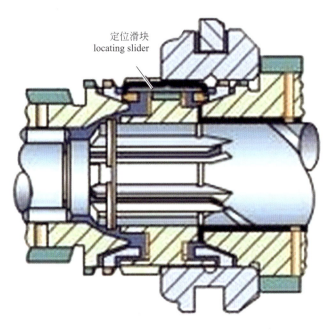

已啮合
meshed

(c) 工作原理

（6）四轮驱动系统

为了提高汽车在雨天、雪地和越野行驶时的附着力和操纵性能，有些车辆常制成四轮驱动。发动机的动力经过离合器传给变速器，然后利用分动器把动力分配给前后传动轴，再通过传动轴将动力传递给前后驱动桥里的差速器以及四个半轴，使四个车轮转动（图3-2-18）。四轮驱动一般分为三种形式：全时四驱、分时四驱和适时四驱。

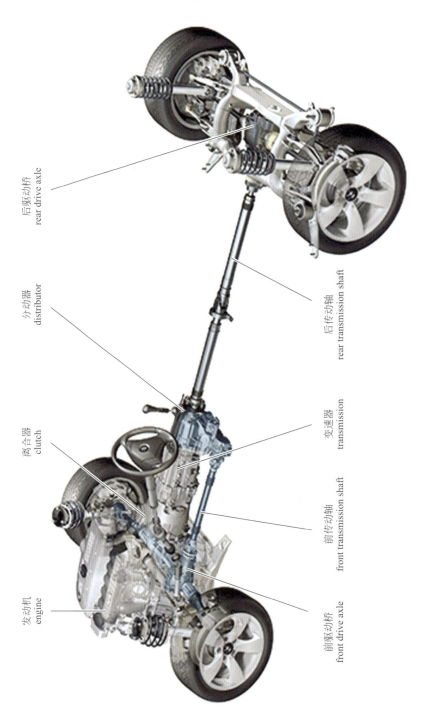

图 3-2-18　四轮驱动系统

全时四驱车辆永远保持四轮驱动模式，正常行驶时一般将发动机输出转矩按50%∶50%（或40%∶60%）设定在前、后轮上（图3-2-19）。

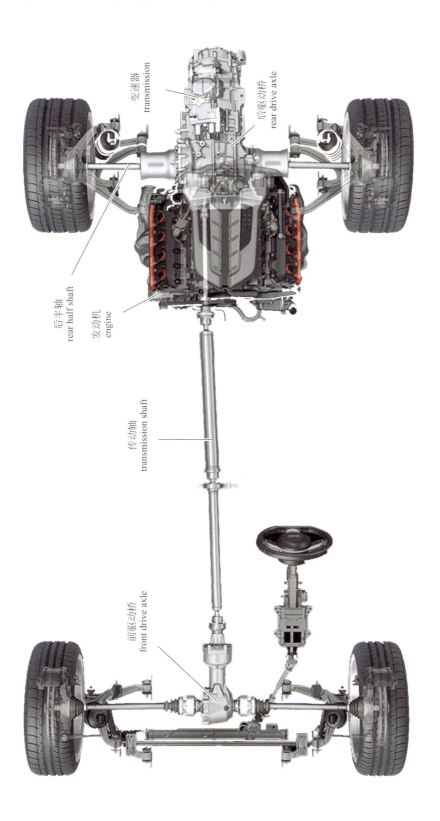

图3-2-19　全时四驱系统

分时四驱即驾驶员可根据路面情况，通过手动接通或断开分动器来选择两轮驱动或四轮驱动模式（图3-2-20）。

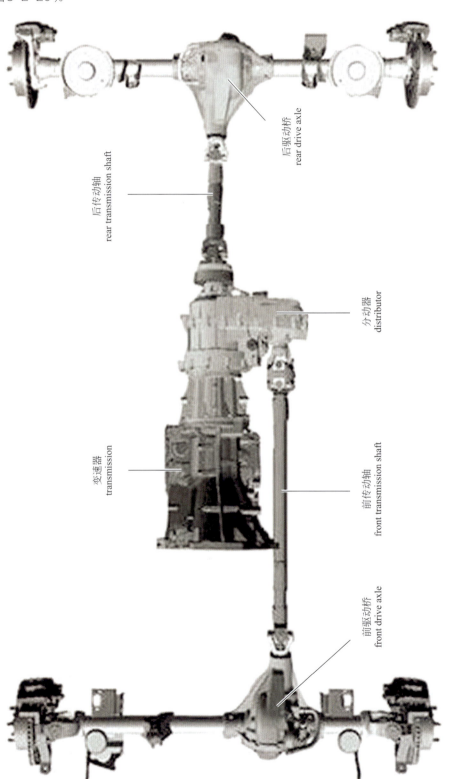

图3-2-20 分时四驱系统

适时四驱又称实时四驱，其选择何种驱动模式由差速器电控单元来控制，正常路面一般采用两轮驱动，如果路面不良或驱动轮打滑，差速器电控单元会自动侦测出并立即将发动机输出转矩分配给其他两轮，切换到四轮驱动状态（图3-2-21）。

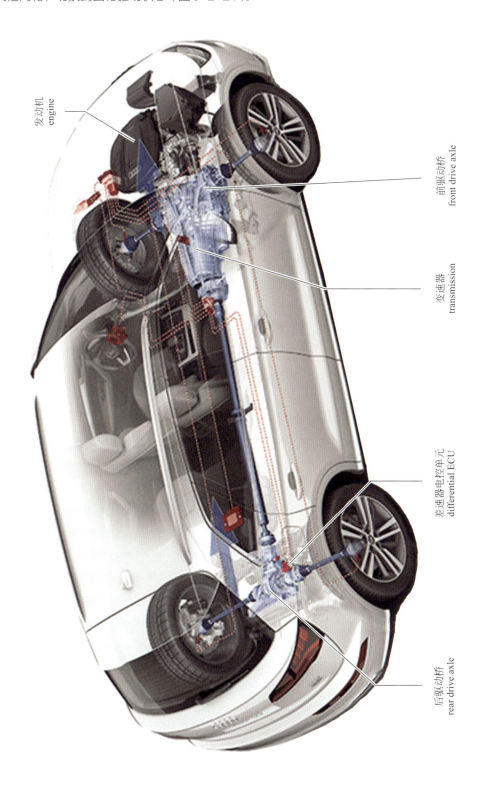

图 3-2-21 适时四驱系统

3.2.3 自动变速器

自动变速器的功用与手动变速器基本相同，只是自动变速器汽车在驾驶中离合器的操纵和变速器的操纵都实现了自动化。目前，自动变速器常见的类型有液力自动变速器（AT）、无级变速器（CVT）、双离合自动变速器（DSG）等（图3-2-22）。

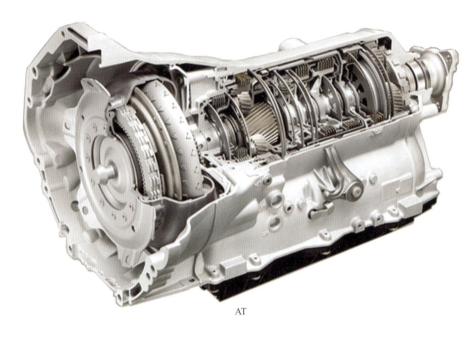

AT

CVT　　　　　　　　DSG

图 3-2-22　自动变速器的类型

液力自动变速器主要由液力变矩器、齿轮变速机构、换挡执行机构、液压控制系统、电子控制系统和冷却滤油装置（图中未画出）等组成（图3-2-23）。

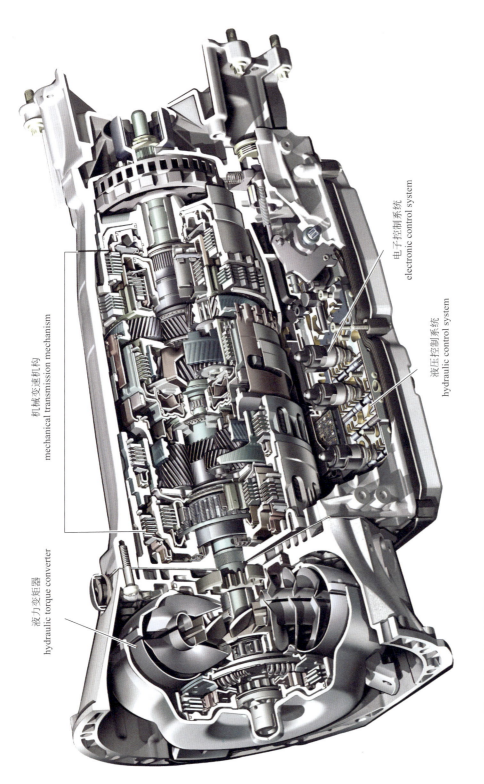

图3-2-23 液力自动变速器组成

液力变矩器有传递动力、无级变速、自动离合、降速增矩、缓冲振动、驱动油泵等功用，一般由泵轮、涡轮、导轮、单向离合器和锁止机构组成（图3-2-24）。

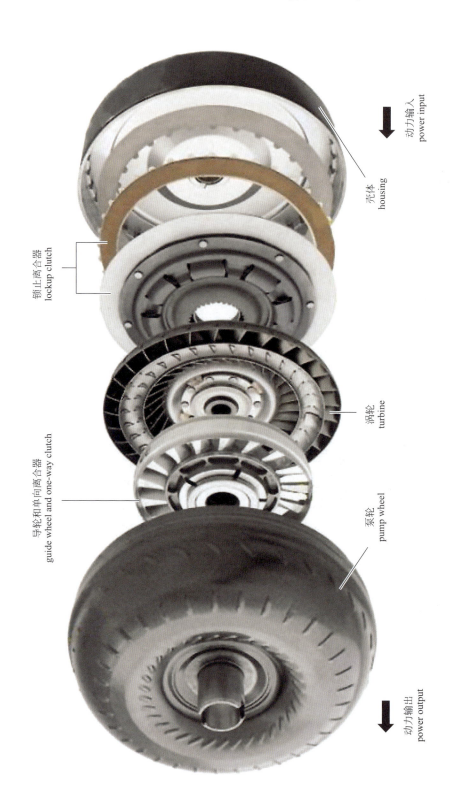

图 3-2-24　液力变矩器的组成

液力变矩器工作时，壳体内充满变速器油（ATF），发动机带动壳体旋转时，壳体带动泵轮旋转，泵轮通过 ATF 带动涡轮转动，使变速器的输入轴一起转动。由涡轮叶片流出的 ATF 经导轮后再流回泵轮，形成如图 3-2-25 所示的循环流动。

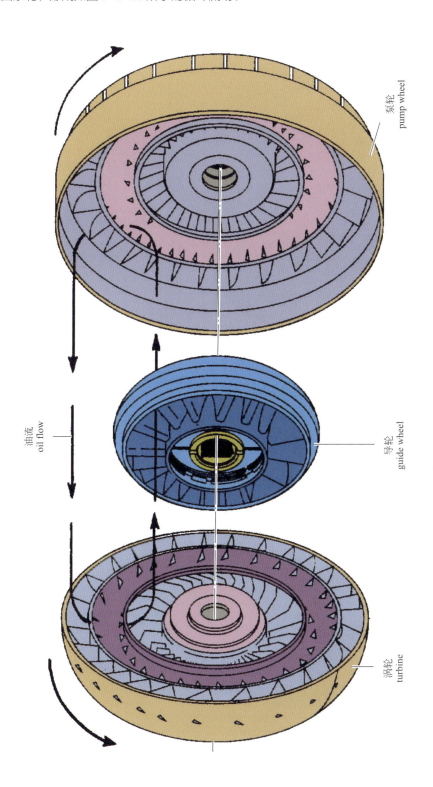

图 3-2-25　ATF 在液力变矩器中的循环流动

行星齿轮机构主要由太阳轮、带有若干个行星齿轮的行星架和齿圈（又称内齿圈）组成（图3-2-26）。

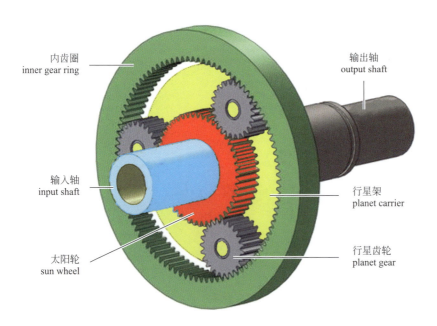

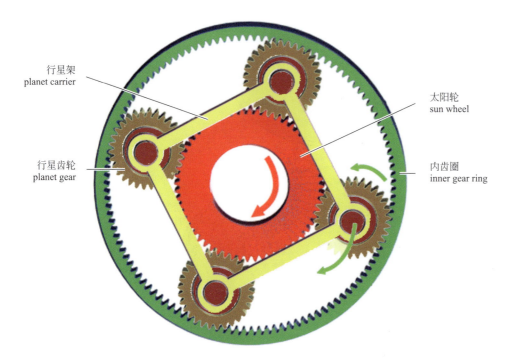

图3-2-26　行星齿轮机构

行星齿轮机构的动力传递方式如图3-2-27所示。

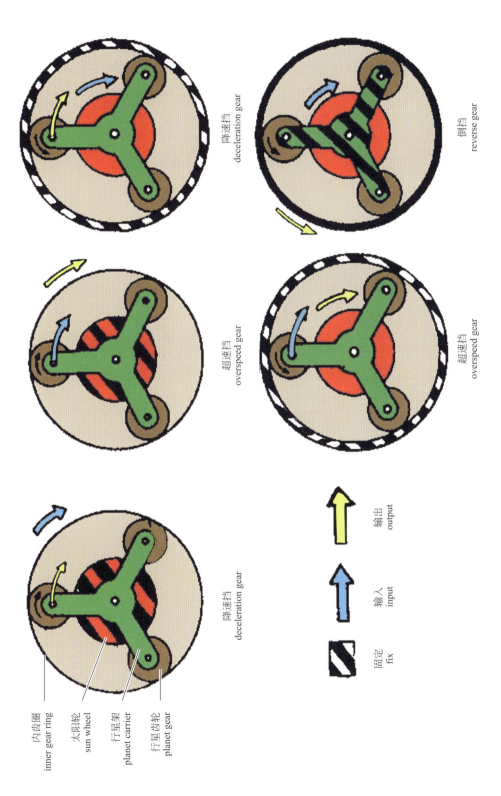

图3-2-27 行星齿轮机构的动力传递方式

换挡执行元件的功用是对行星齿轮机构中的不同元件进行约束和限制（固定或连接某些元件）。换挡执行元件包括离合器、制动器和单向离合器（图3-2-28）。

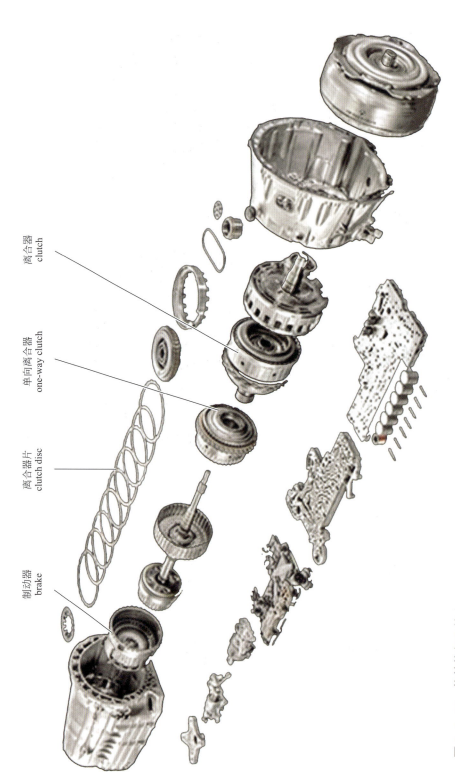

图 3-2-28　换挡执行元件

离合器的功用是连接轴和行星齿轮机构中的元件或连接行星齿轮机构中的不同元件。自动变速器上的离合器多采用多片湿式离合器。离合器主要由摩擦片、钢片、离合器鼓、活塞、回位弹簧等组成（图3-2-29）。

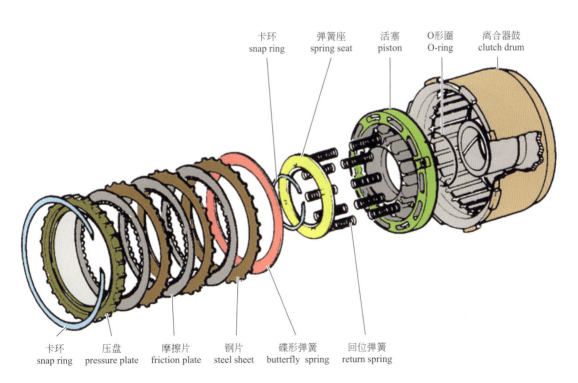

图 3-2-29 离合器

制动器的功用是固定行星齿轮机构中的元件，防止其转动。自动变速器中采用的制动器有片式和带式两种。片式制动器与片式离合器的结构和原理相同，不同之处是离合器是起连接作用而传递动力，而制动器是通过连接而起制动作用。片式制动器如图3-2-30所示。

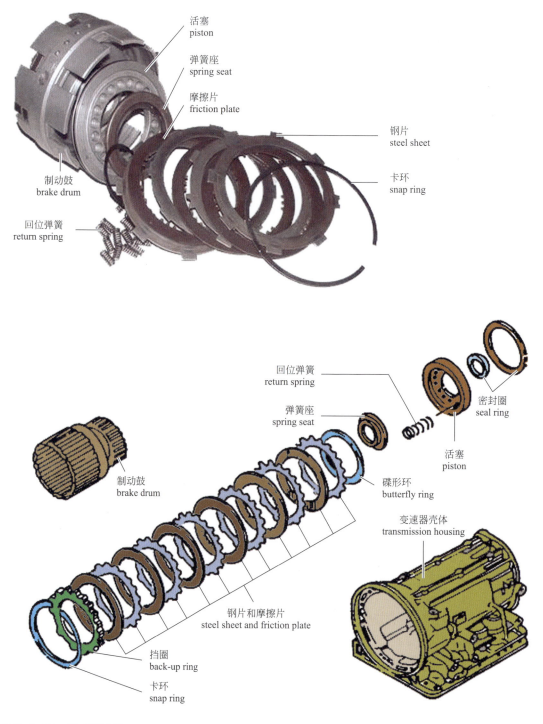

图 3-2-30　片式制动器

液压控制系统的阀体用于装载各种电磁阀和液压阀，其上有许多密集复杂的油道，用于控制液压及切换液压通道。阀体通常分为上阀体、下阀体和手动阀体，图3-2-31所示为典型的液压控制阀体。

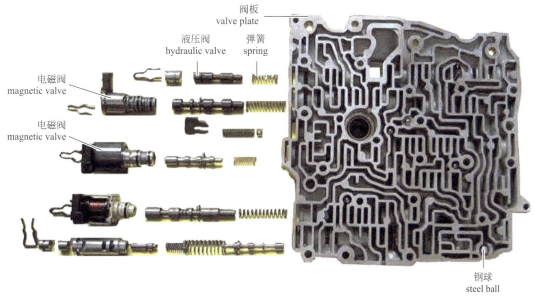

(a) 阀体分解

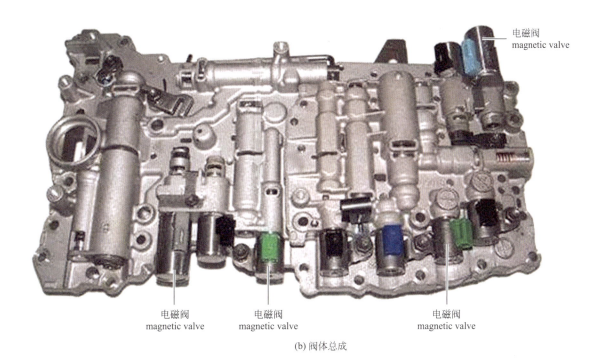

(b) 阀体总成

图 3-2-31　阀体

3.2.4 无级变速器

无级变速器（图3-2-32）是传动比可以在一定范围内连续变化的变速器，简称CVT（Continuously Variable Transmission）。

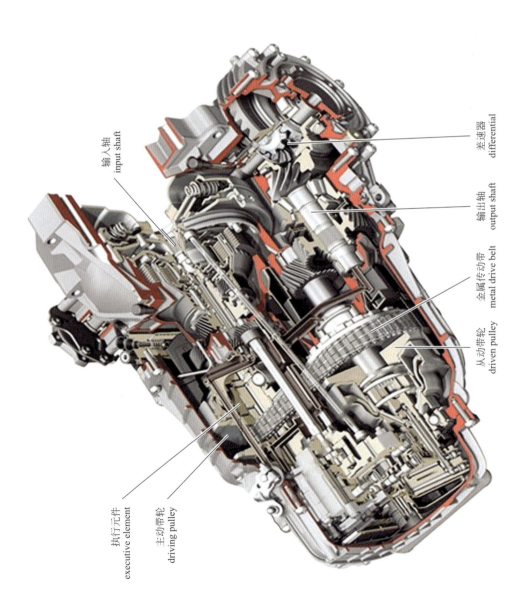

图3-2-32 无级变速器

金属带式无级变速器的基本结构如图3-2-33所示,主要由主动带轮、从动带轮和金属传动带(或传动链)组成。

图 3-2-33　金属带式无级变速器的基本结构

金属传动带将动力从主动带轮传送到从动带轮。一般车型CVT使用的是宽为24 mm的推式金属传动带,由钢带和钢片组成,如图3-2-34所示。

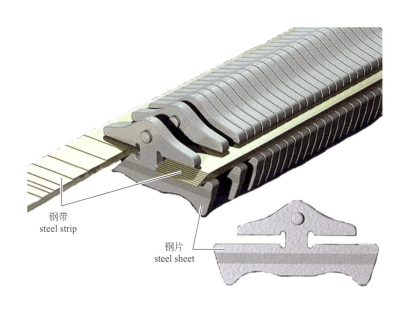

图 3-2-34　金属传动带

变速部分的主动带轮和从动带轮都是由两个带有锥面结构的半带轮组成，通过改变主动带轮、从动带轮与V形传动带啮合的工作半径而改变传动比，使之按要求输出动力。由于两个带轮的直径可以连续无级变化，所以形成的传动比也是连续无级变化的（图3-2-35）。

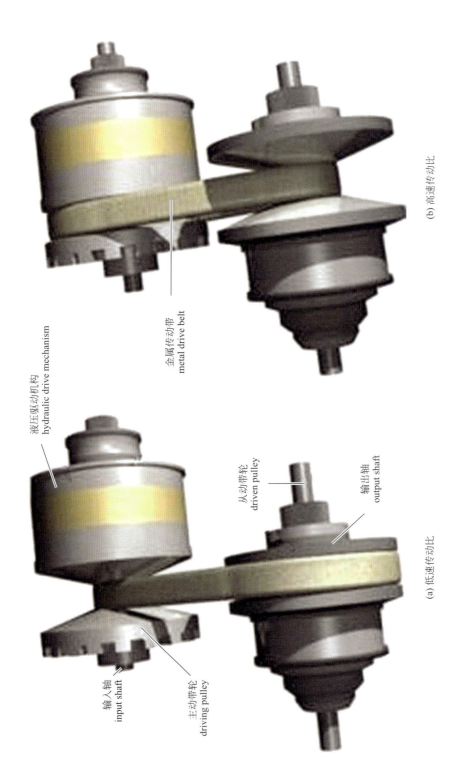

图3-2-35 金属带式无级变速器的变速原理

3.2.5 双离合自动变速器

双离合自动变速器也称直接换挡变速器（Direct Shift Gearbox，DSG）。双离合自动变速器有两组离合器和两组齿轮组，分别由电控系统和液压系统控制。两驱双离合自动变速器如图3-2-36所示。

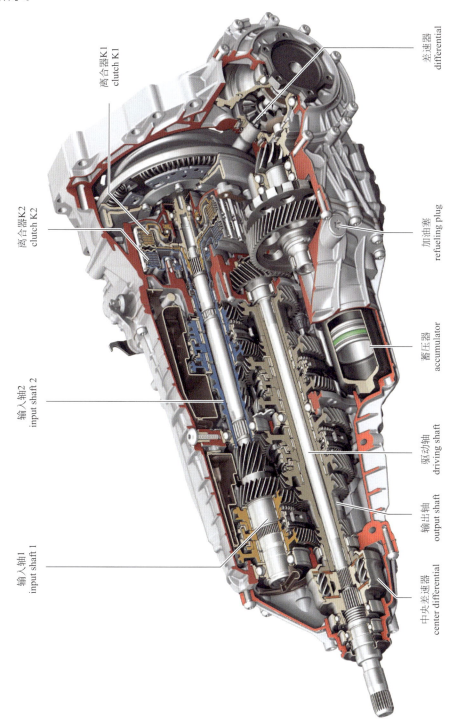

图3-2-36 两驱双离合自动变速器

四驱双离合自动变速器（7速）如图3-2-37、图3-2-38所示。

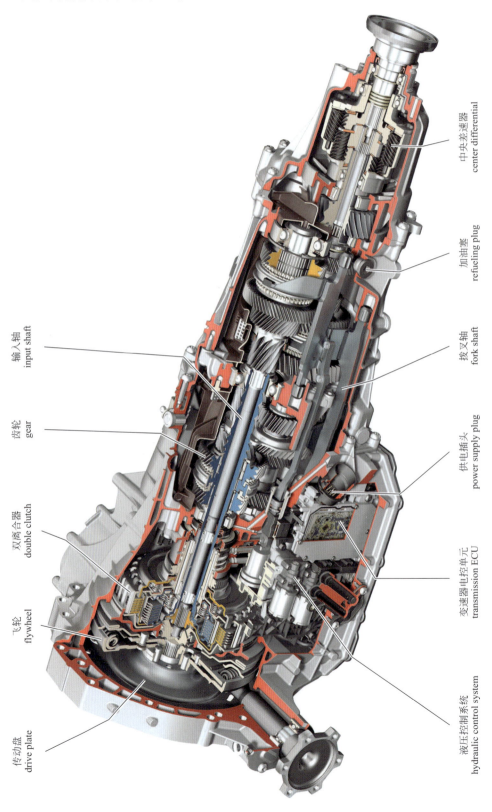

图3-2-37　四驱双离合自动变速器（一）

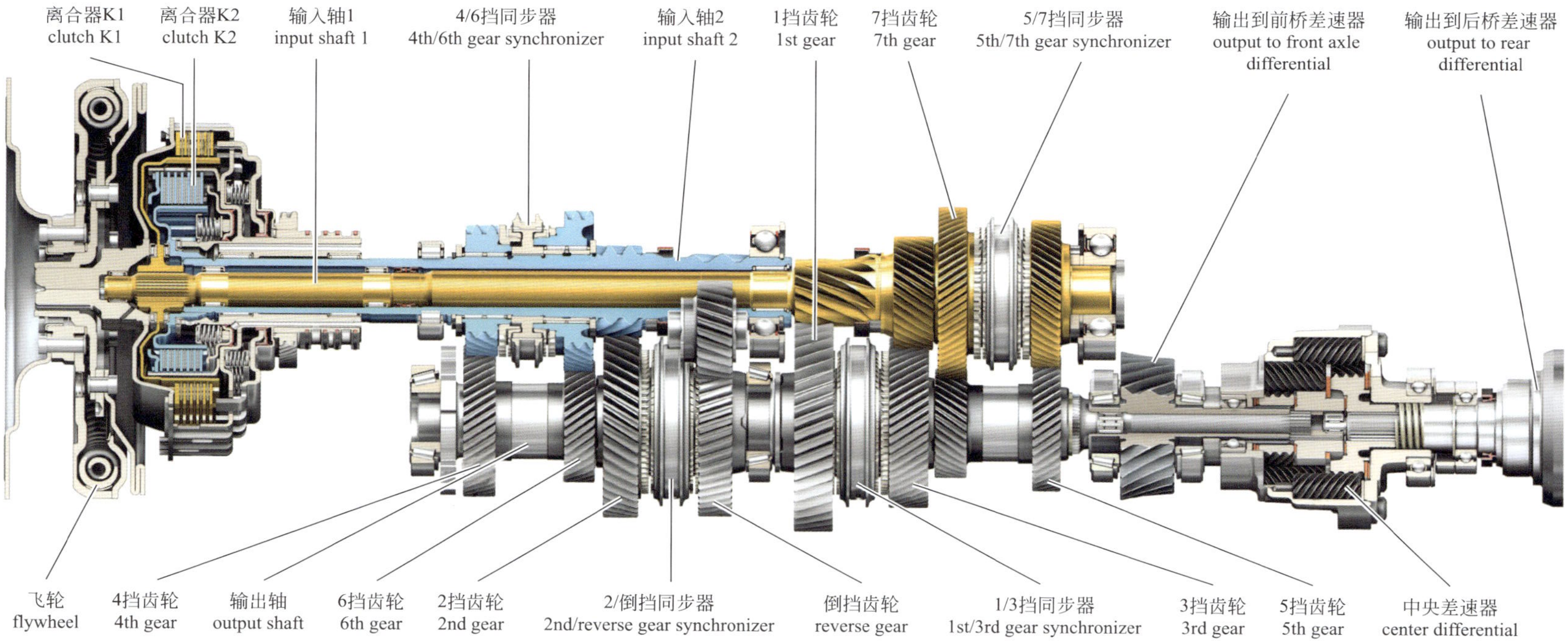

3.2 传动系统

图 3-2-38 四驱双离合自动变速器（二）

大众DQ380 7挡湿式双离合自动变速器工作原理如图3-2-39所示。它将变速器挡位按奇、偶数分开布置，形成两个彼此独立的分变速器（传动单元）。每个分变速器的结构都与一个手动变速器相同，每个分变速器都配有一个湿式多片离合器，分变速器1通过湿式多片离合器K1选择1挡、3挡、5挡和7挡，分变速器2通过湿式多片离合器K2选择2挡、4挡、6挡和R（倒）挡，因此只需通过切换两个离合器的工作状态，就可以完成换挡操作。

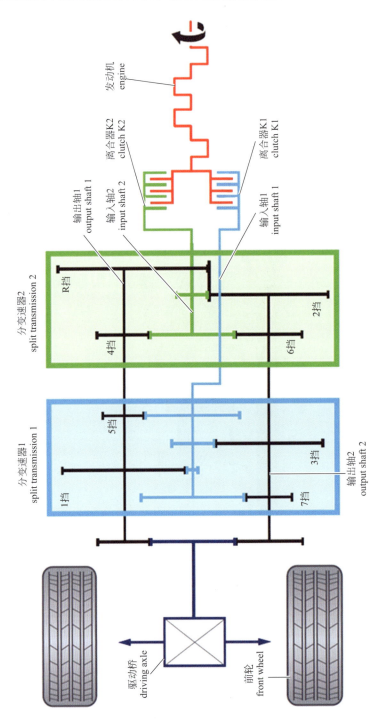

图3-2-39 大众DQ380 7挡湿式双离合自动变速器工作原理

3.2 传动系统

输入轴与输出轴的位置如图3-2-40所示。

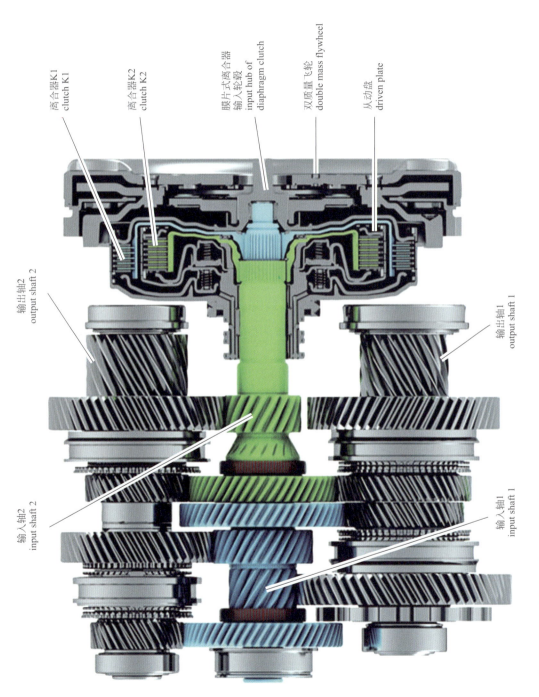

图3-2-40 输入轴与输出轴的位置

双离合器K1和K2的内部油道如图3-2-41所示。DQ380采用的是湿式双离合器，内部通过ATF（变速器油）进行润滑散热。

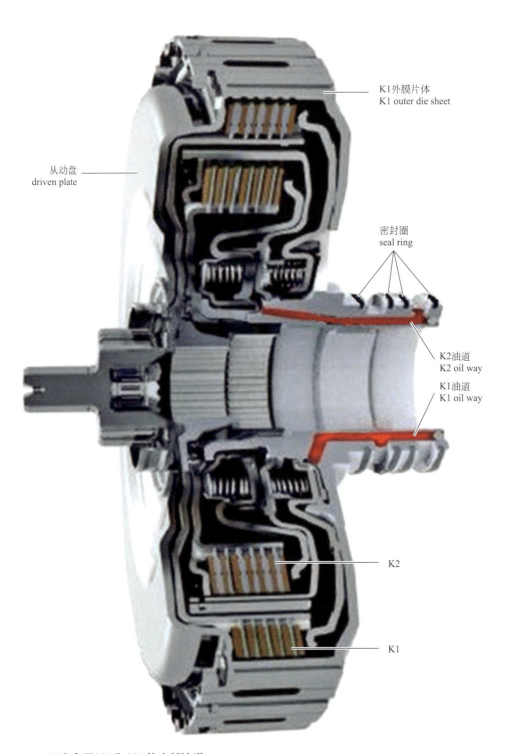

图 3-2-41　双离合器K1和K2的内部油道

输入轴有两根，即输入轴1和输入轴2，两根输入轴是套在一起的，输入轴1在后，输入轴2在前，输入轴的连接关系如图3-2-42所示。

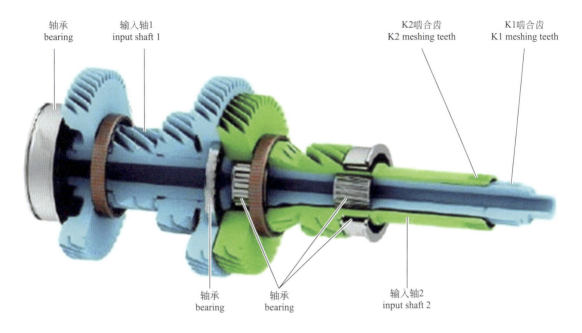

图 3-2-42　输入轴的连接关系

输入轴1穿过空心的输入轴2后，通过啮合齿连接到离合器K1，上有1挡、3挡、5挡、7挡固定齿轮，如图3-2-43所示。

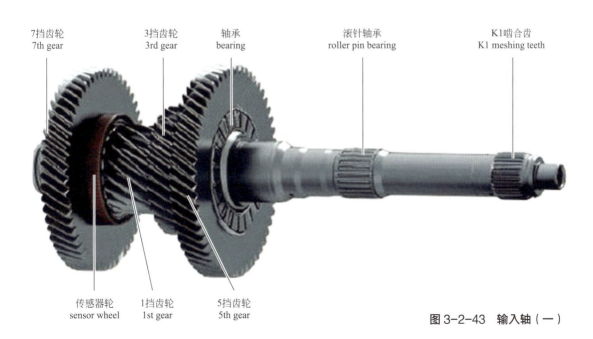

图 3-2-43　输入轴（一）

空心的输入轴2安装在输入轴1上的圆柱形滚针轴承中，通过啮合齿连接到离合器K2，上有2挡、4挡、6挡固定齿轮，如图3-2-44所示。

图 3-2-44　输入轴（二）

输出轴1上有1挡、4挡、5挡和倒挡齿轮，1挡和5挡齿轮共用一个同步器，4挡和倒挡齿轮共用一个同步器，一侧有驻车锁止齿轮，结构如图3-2-45所示。

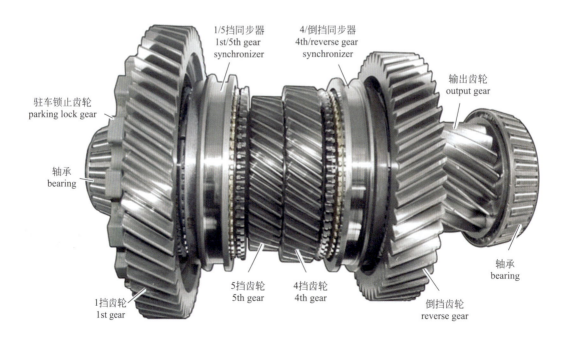

图 3-2-45　输出轴（一）

输出轴2上有2挡、3挡、6挡、7挡齿轮,2挡和6挡齿轮共用一个同步器,3挡和7挡齿轮共用一个同步器,结构如图3-2-46所示。

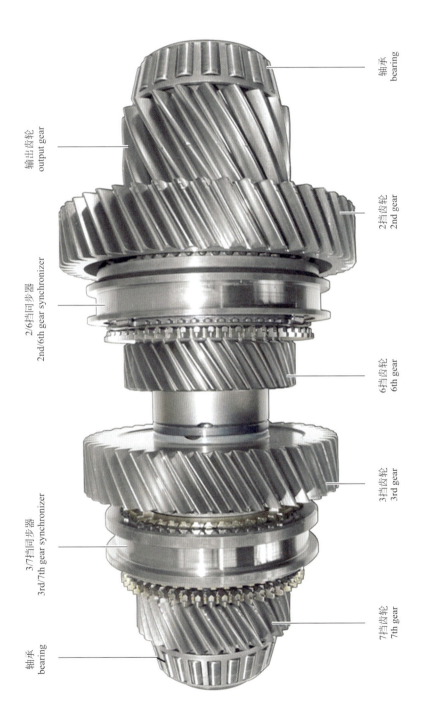

图3-2-46 输出轴(二)

3.2.6 万向传动装置

万向传动装置的功用是在轴线相交且相互位置经常发生变化的两转轴之间传递动力。万向传动装置一般位于变速器与驱动桥之间（图3-2-47）。

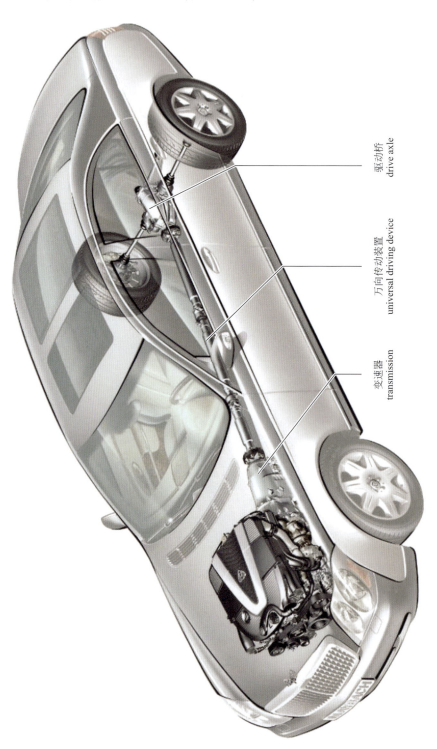

图3-2-47 万向传动装置

3.2 传动系统

万向传动装置主要包括万向节和传动轴,对于传动距离较远的分段式传动轴,为了提高传动轴的刚度,还设置有中间支承(图3-2-48)。

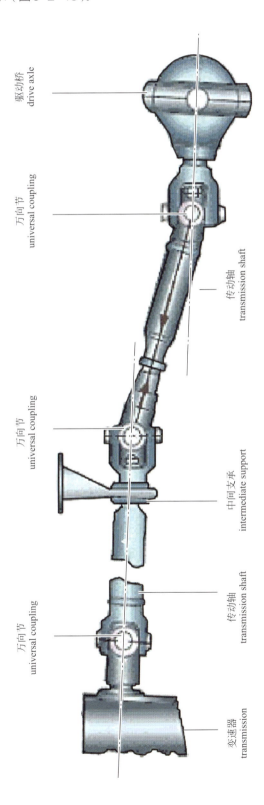

图 3-2-48 万向传动装置的组成

万向节是用来连接两根具有一定夹角的转轴并传递动力的元件，可分为不等速万向节（常用的为十字轴式万向节）、准等速万向节（常用的有双联式万向节和三销轴式万向节）和等速万向节（包括球叉式万向节和球笼式万向节等）三类。

十字轴式刚性万向节（图3-2-49）主要由十字轴、万向节叉等组成，允许相邻两轴的最大交角为15°～20°。

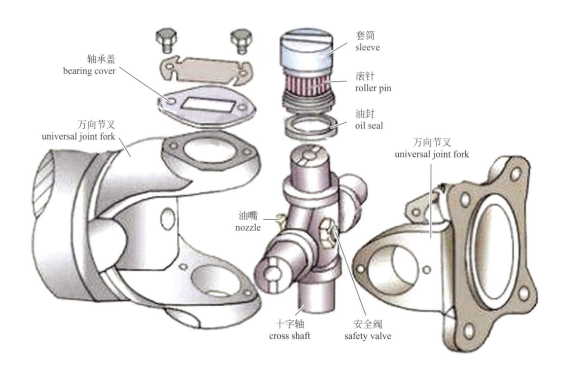

图3-2-49　十字轴式刚性万向节

球笼式等速万向节是将轴间有夹角或相互位置有变化的两轴连接起来，并使两轴以相同的角速度传递动力的装置（图3-2-50）。

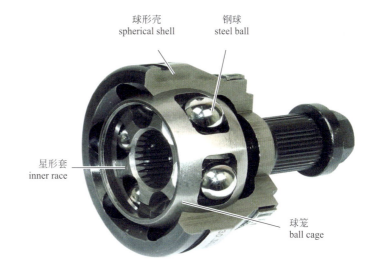

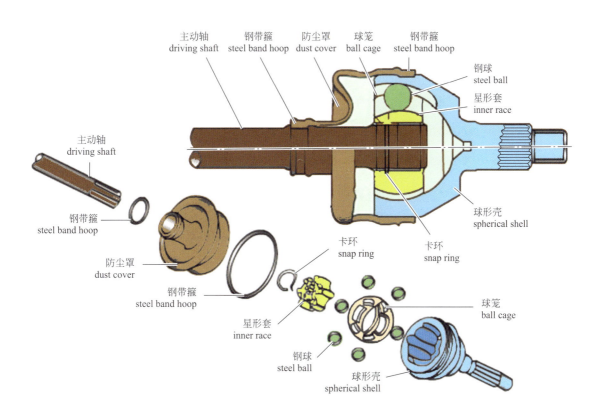

图 3-2-50　球笼式等速万向节

3.2.7 驱动桥

驱动桥的功用是将由万向传动装置传来的发动机转矩传给驱动车轮，并经降速增矩，改变动力传动方向，使汽车行驶，而且允许左右驱动车轮以不同的转速旋转。驱动桥一般由主减速器、差速器、半轴、桥壳等组成（图3-2-51）。

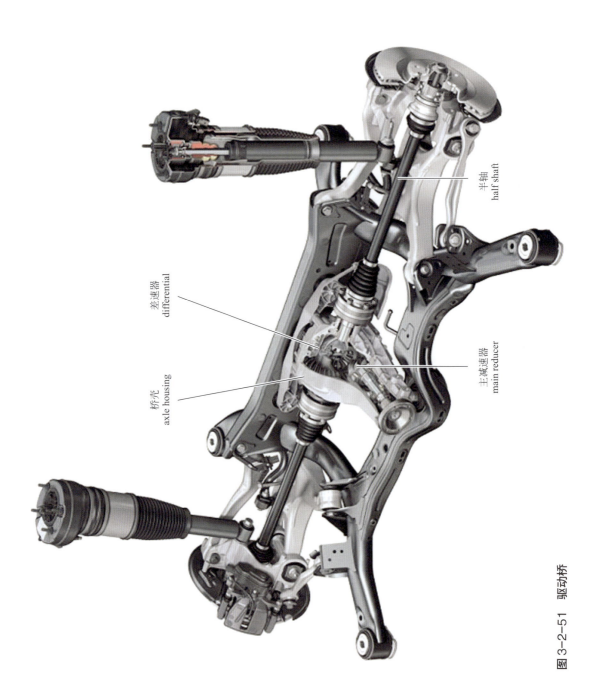

图3-2-51 驱动桥

主减速器的功用是将万向传动装置传来的发动机转矩传给差速器,并将转矩增大、转速降低,一般分为单级式和双级式主减速器。主减速器由主、从动锥齿轮等组成(图3-2-52)。

图 3-2-52 主减速器

差速器的功用是将主减速器传来的动力传给左右两半轴,并在必要时允许左右两半轴以不同的转速旋转,使左、右驱动车轮相对于地面纯滚动而不是滑动。差速器主要由差速器壳、半轴齿轮、行星齿轮、十字轴(有的差速器省略十字轴)组成(图3-2-53)。

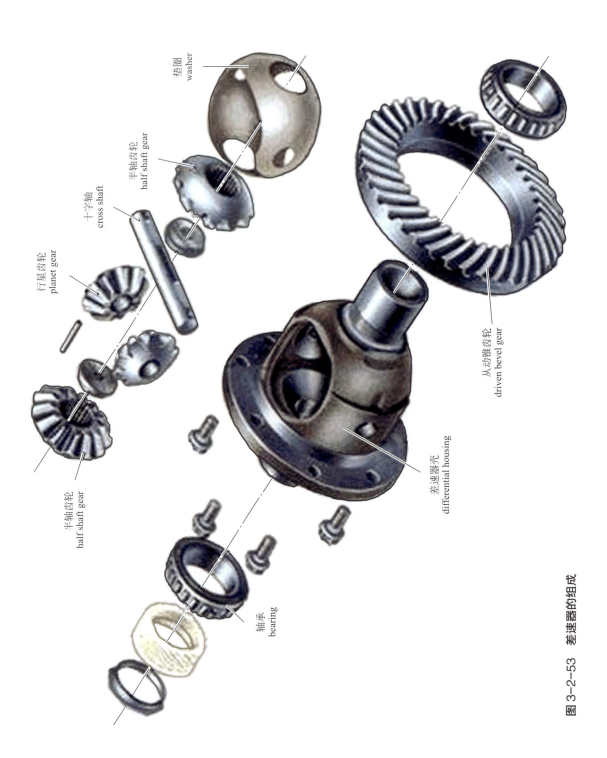

图 3-2-53 差速器的组成

3.2 传动系统

大众/奥迪四驱车型上,通过选装运动型差速器及动态行驶系统,可实现舒适、自动、运动三种工作模式的选择。差速器内安装有多片离合器,通过液压泵来控制(图3-2-54)。

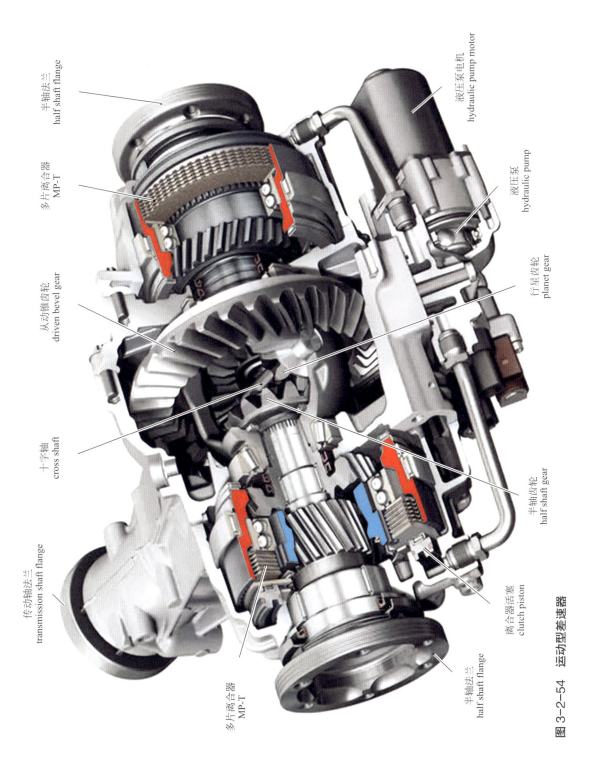

图 3-2-54 运动型差速器

当汽车直线行驶时，两侧驱动车轮所受到的地面阻力相同，并经半轴、半轴齿轮反作用于行星齿轮啮合点，行星齿轮不自转，只随差速器壳和行星齿轮轴一起公转，两半轴无转速差（图3-2-55）。

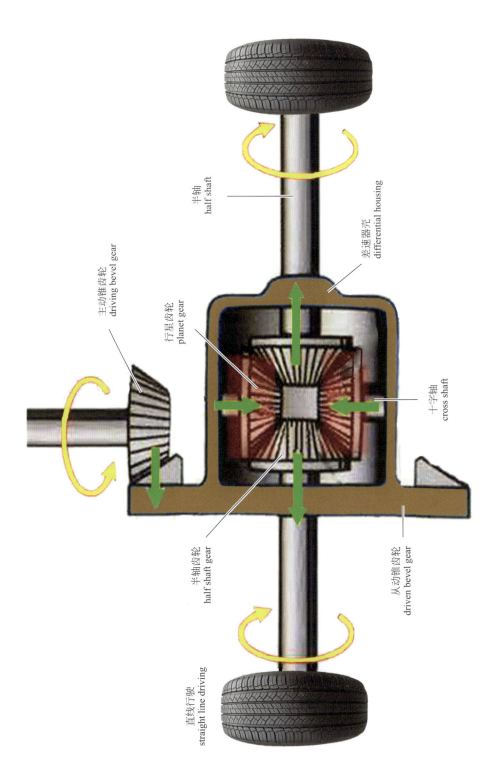

图3-2-55 汽车直线行驶时

当汽车转弯行驶时（如右转），两侧驱动车轮所受到的地面阻力不同，内侧车轮所受的阻力大，外侧车轮所受的阻力小。这两个阻力经半轴、半轴齿轮反作用于行星齿轮啮合点，使行星齿轮除了随差速器壳公转外还顺时针自转，从而使外侧半轴齿轮的转速增加，内侧半轴齿轮的转速降低，且左半轴齿轮增加的转速等于右半轴齿轮降低的转速，因此外侧车轮转得快，内侧车轮转得慢（图3-2-56）。

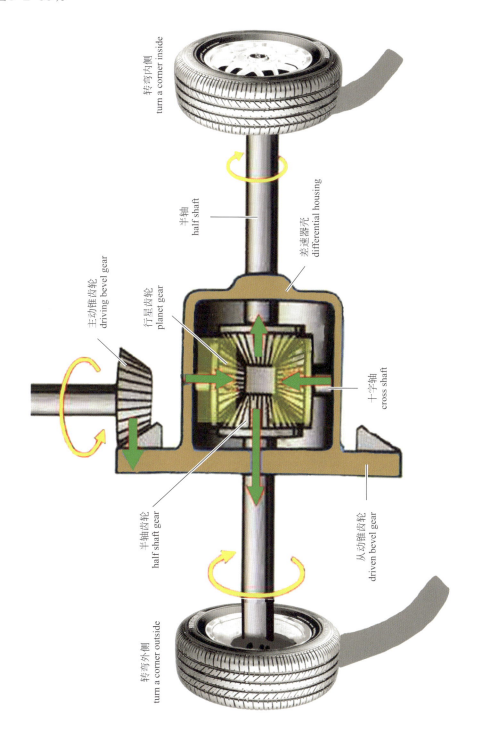

图3-2-56 汽车转弯行驶时

3.3 行驶系统

3.3.1 车桥

（1）车桥的分类

车桥位于悬架与车轮之间，其两端安装车轮，通过悬架与车架（或车身）相连，其功用是传递车架（或车身）与车轮之间的各种载荷。按车桥上车轮的作用不同，车桥一般分为转向桥、驱动桥、转向驱动桥和支持桥四种类型。

转向桥结构基本相同，整体式转向桥主要由前轴、转向节、主销、轮毂四部分组成（图3-3-1）。

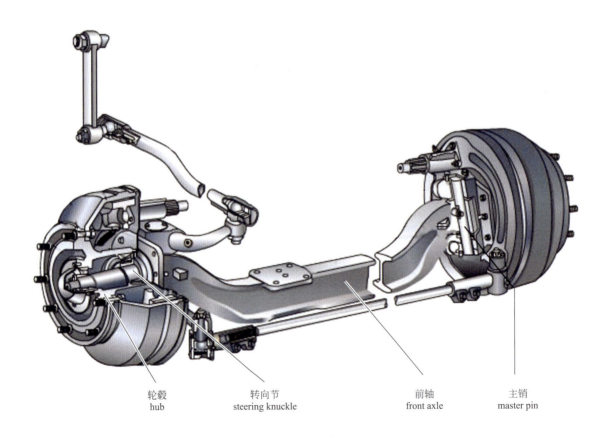

图 3-3-1　整体式转向桥

3.3 行驶系统

越野汽车、前轮驱动汽车和全轮驱动（4WD）汽车的前桥，既起转向桥的作用，又兼起驱动桥的作用，故称为转向驱动桥（图3-3-2）。

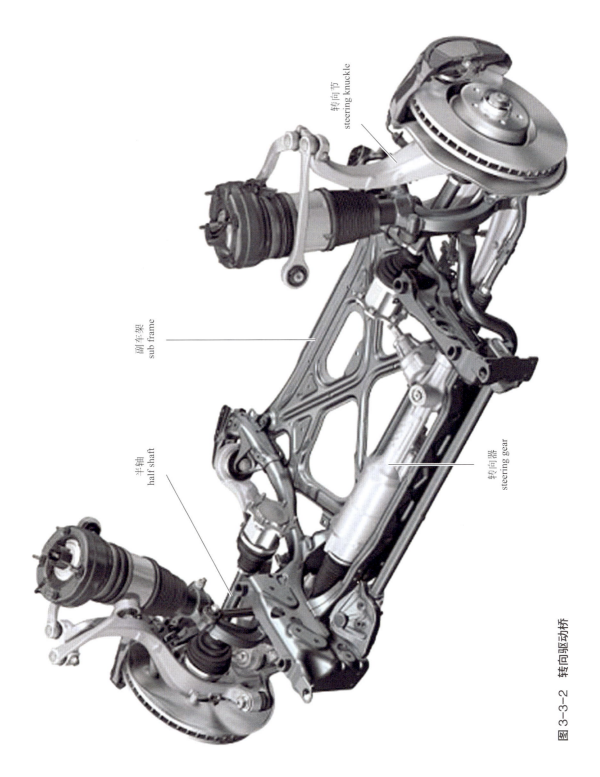

图3-3-2 转向驱动桥

支持桥如图3-3-3示。轿车的支持桥一般都是后桥，是纵向摆臂式非驱动桥，后悬架一般为非独立悬架。

图3-3-3 支持桥

（2）车轮定位

为了保证汽车直线行驶的稳定性和操纵的轻便性，减少轮胎和其他机件的磨损，转向轮、转向节和前轴三者与车架的安装应保持一定的相对位置关系，这种安装位置关系称为车轮定位。车轮定位包括主销后倾、主销内倾、车轮外倾及前束四个参数。

对于两端装有主销的转向桥，汽车转向时，转向车轮会围绕主销轴线偏转，如图3-3-4（a）所示。但在大多数断开式转向桥中没有主销，而采用上、下球头销代替主销，上、下球头销球头中心的连线相当于主销轴线，如图3-3-4(b)所示。

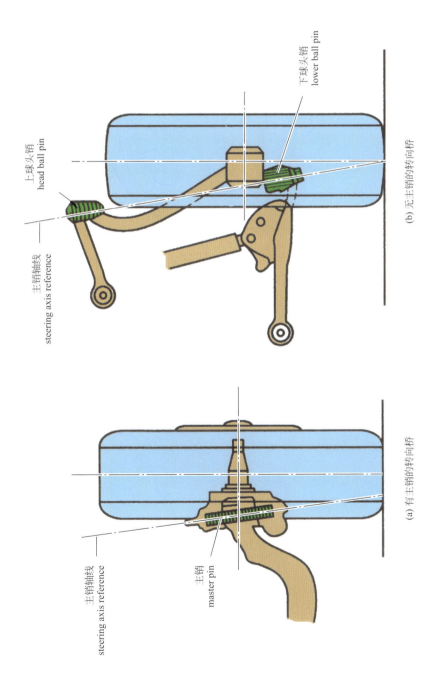

图3-3-4 主销的不同形式

主销安装在前轴上，其上端略向后倾斜，这种现象称为主销后倾。在垂直于汽车支承平面的纵向平面内，主销轴线与汽车支承平面垂线之间的夹角γ称为主销后倾角（图3-3-5）。主销后倾的作用是形成回正力矩，保证汽车直线行驶的稳定性，并使汽车转向后回正操纵轻便。

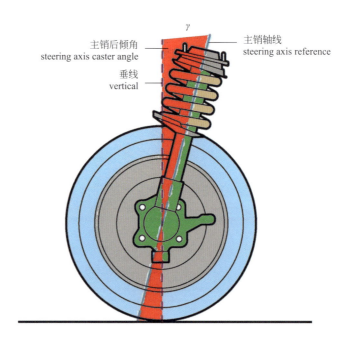

图 3-3-5 主销后倾

主销安装在前轴上，其上端略向内侧倾斜，这种现象称为主销内倾。在垂直于汽车支承平面的横向平面内，主销轴线与汽车支承平面垂线之间的夹角β称为主销内倾角，如图3-3-6所示。主销内倾的功用是使转向轮自动回正，并使转向操纵轻便。

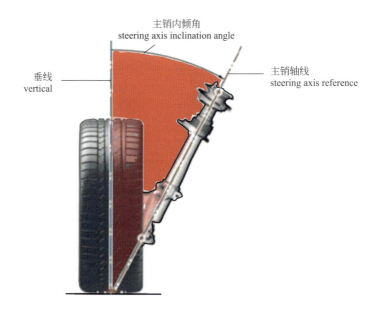

图 3-3-6 主销内倾

转向轮安装在转向节上时,其旋转平面上端向外倾斜,这种现象称为转向车轮外倾。车轮旋转平面与垂直于汽车支承平面的纵向平面之间的夹角 α 称为车轮外倾角,如图3-3-7所示。车轮外倾的功用是提高车轮工作的安全性和转向操纵的轻便性。

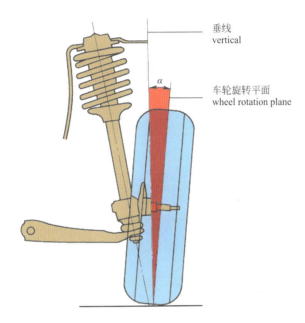

图3-3-7　车轮外倾

车轮安装在车桥上,两前车轮的中心平面不平行,其前端略向内收,这种现象称为前轮前束。两前轮后端距离 A 大于前端距离 B,其差值 $A-B$ 称为前轮前束值,如图3-3-8所示。前轮前束的功用是消除因车轮外倾所造成的不良后果,保证车轮不向外滚动,防止车轮侧滑,减轻轮胎的磨损。

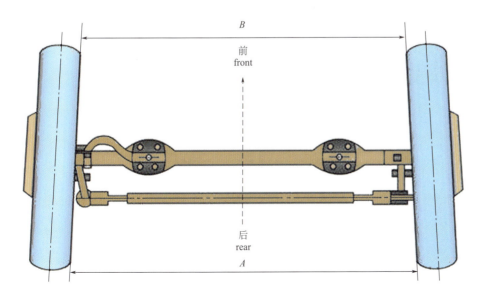

图3-3-8　前轮前束

3.3.2 车架与悬架

(1) 车架

车架俗称大梁,它是跨接在前、后车轮上的桥梁式结构,构成整个汽车的骨架,是整个汽车的装配基体。汽车绝大多数的零部件、总成(如发动机、变速器、传动机构、操纵机构、车桥、车身等)都安装在车架上。目前,汽车上多采用边梁式车架和无梁式车架。

边梁式车架由两根位于两边的纵梁和若干横梁组成,并用铆接法或焊接法将纵梁与横梁连接成坚固的刚性构架(图3-3-9)。

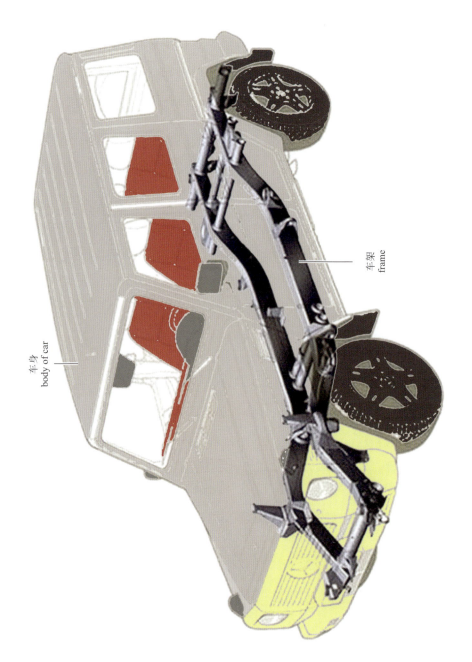

图3-3-9 边梁式车架

大部分轿车和客车为减轻自身重量,以车身代替车架,这种车身又称无梁式车架或承载式车身(图3-3-10)。

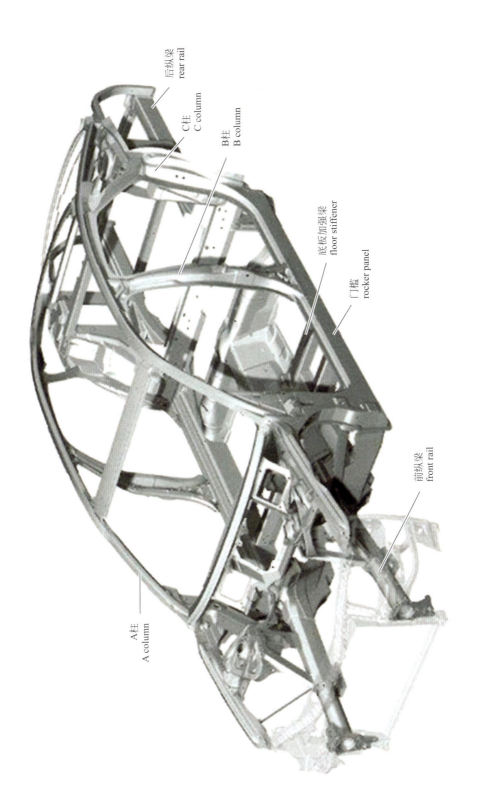

图 3-3-10 无梁式车架(承载式车身)

(2)悬架

悬架是车架（或车身）与车桥（或车轮）之间一切传力连接装置的总称，一般由弹性元件、减振器、导向机构等组成，一般还有横向稳定杆等零件。悬架的组成如图3-3-11所示。

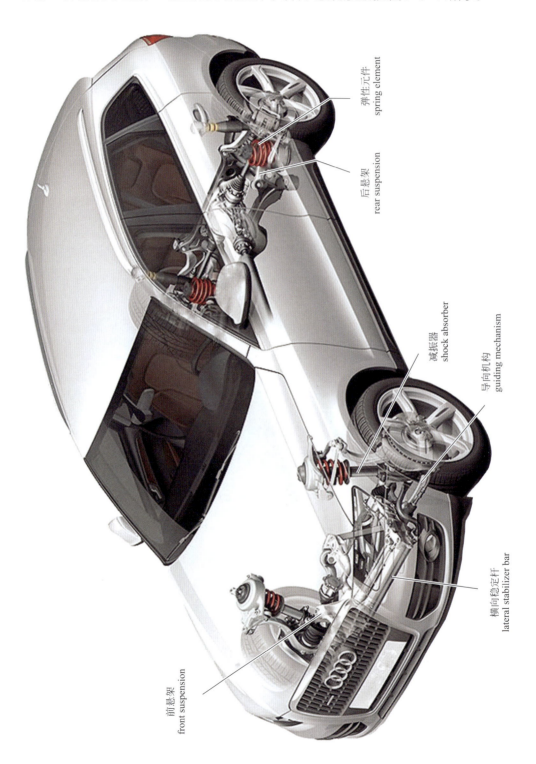

图3-3-11 悬架的组成

如图3-3-12所示，汽车悬架有非独立悬架和独立悬架两种类型。非独立悬架的结构特点是两侧车轮安装在一个整体式车桥上，车轮和车桥一起通过弹性悬架悬挂在车架（或车身）下面，所以一侧车轮发生位置变化后会导致另一侧车轮的位置也发生变化。独立悬架的结构特点是两侧车轮分别独立地与车架（或车身）弹性相连，与其配用的车桥为断开式车桥，所以两侧车轮的运动是相对独立、互不影响的。

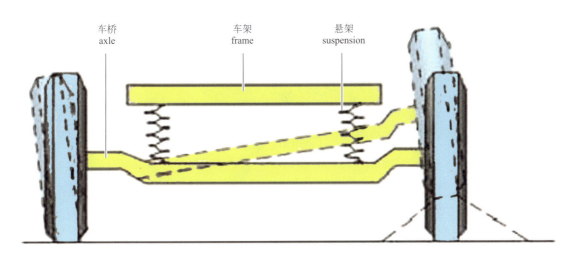

非独立悬架
non-independent suspension

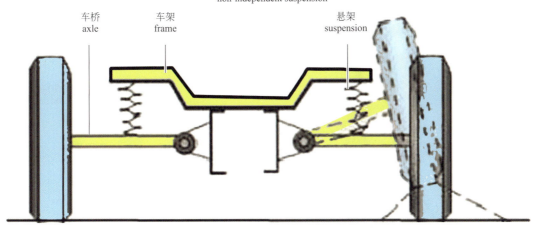

独立悬架
independent suspension

图 3-3-12　悬架的类型

钢板弹簧式非独立悬架如图3-3-13所示，钢板弹簧一般纵向布置，所以也称纵置板簧式非独立悬架。

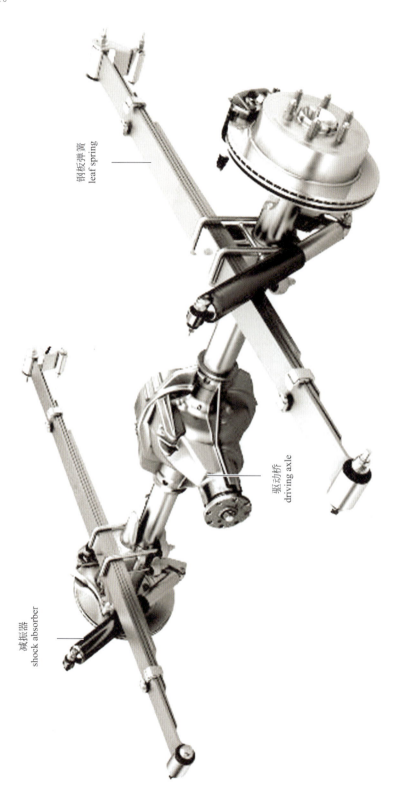

图3-3-13　钢板弹簧式非独立悬架

螺旋弹簧式非独立悬架一般只用于轿车的后悬架，常与减振器配合使用，如图3-3-14所示。

图3-3-14 螺旋弹簧式非独立悬架

独立悬架的结构类型很多，按车轮的运动方式一般分为麦弗逊式独立悬架、横臂式独立悬架和多连杆式独立悬架等。

麦弗逊式独立悬架结构较简单，布置紧凑（图3-3-15）。

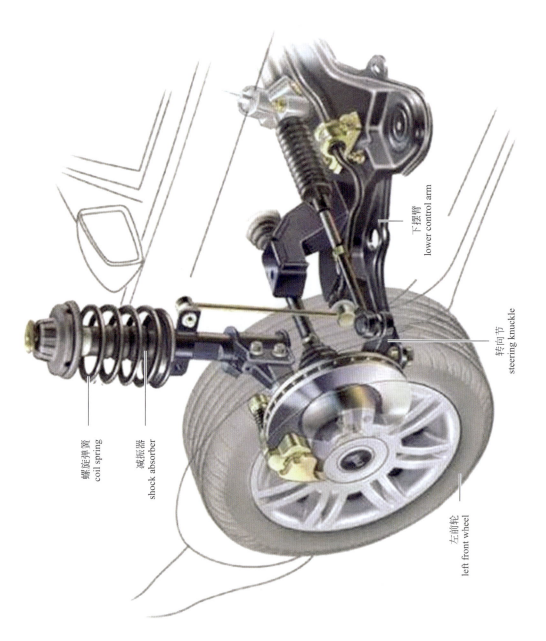

图 3-3-15　麦弗逊式独立悬架

前悬架总成的零件分解如图3-3-16所示。

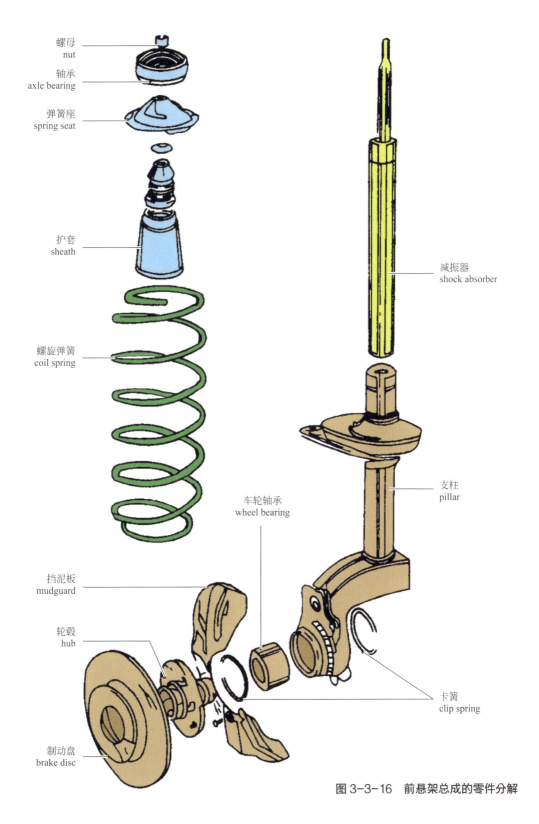

图 3-3-16　前悬架总成的零件分解

横臂式独立悬架即车轮通过上、下横臂（即摆臂）与车架铰接且车轮只能在汽车横向平面内跳动的悬架。横臂内端铰接在车架（身）或桥壳上，外端与车轮相连，车身与横臂之间装有弹性元件（图3-3-17）。

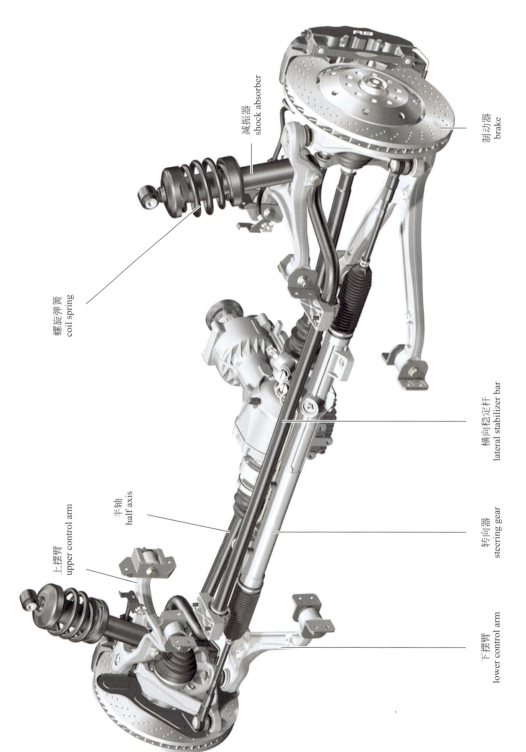

图3-3-17 横臂式独立悬架

独立悬架中多采用螺旋弹簧，因而对于侧向力、垂直力以及纵向力需增设导向装置，即采用杆件来承受和传递这些力，因而一些轿车上为减轻车重和简化结构采用多连杆式悬架，如图3-3-18所示为五连杆式前桥独立悬架。

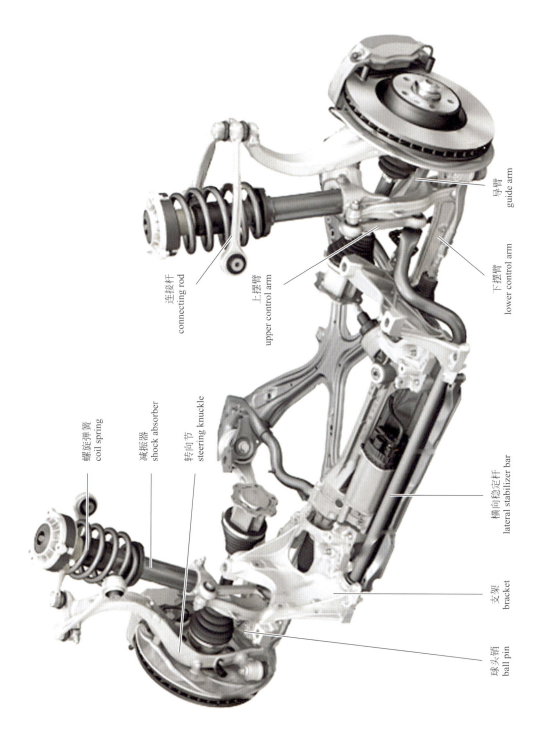

图3-3-18 五连杆式前桥独立悬架

如图3-3-19所示为五连杆式后桥独立悬架。

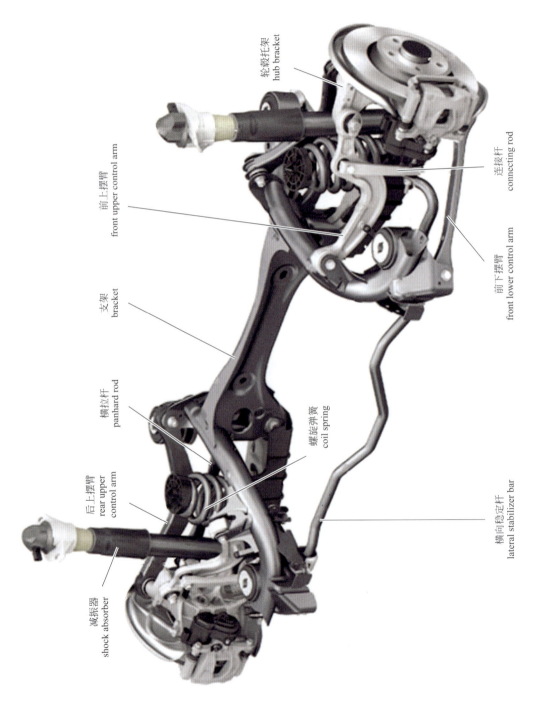

图3-3-19 五连杆式后桥独立悬架

自适应空气悬架可根据行车路况,自动压缩或伸长空气弹簧,调整悬架高度和弹性,降低或升高底盘离地间隙,以提高高速行车时车身稳定性或复杂路况的通过性(图3-3-20、图3-3-21)。

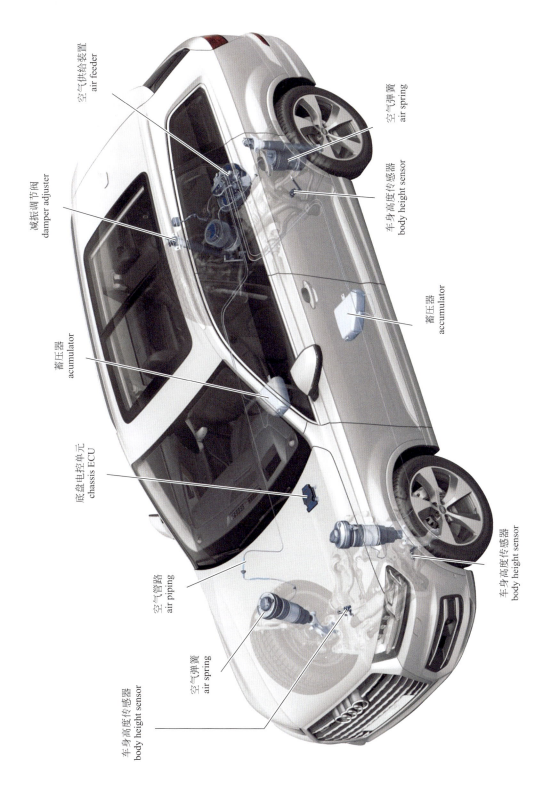

图 3-3-20 自适应空气悬架(一)

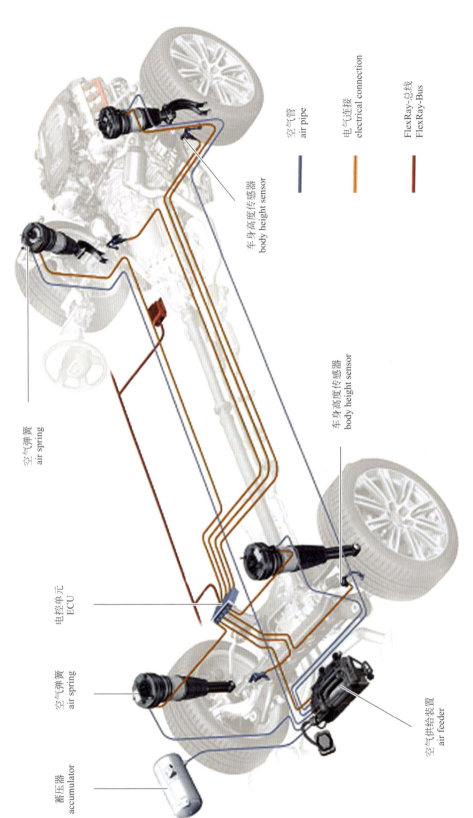

图3-3-21 自适应空气悬架（二）

自适应空气悬架中的空气供给装置主要由电磁阀体、压缩机和驱动压缩机的电机等组成（图 3-3-22）。

图 3-3-22 空气供给装置

空气弹簧也称空气减振支柱，是无级调节式双筒减振器，主要由开卷活塞、折叠支架、钢圆筒、活塞杆、空气弹簧膜片等组成（图3-3-23）。

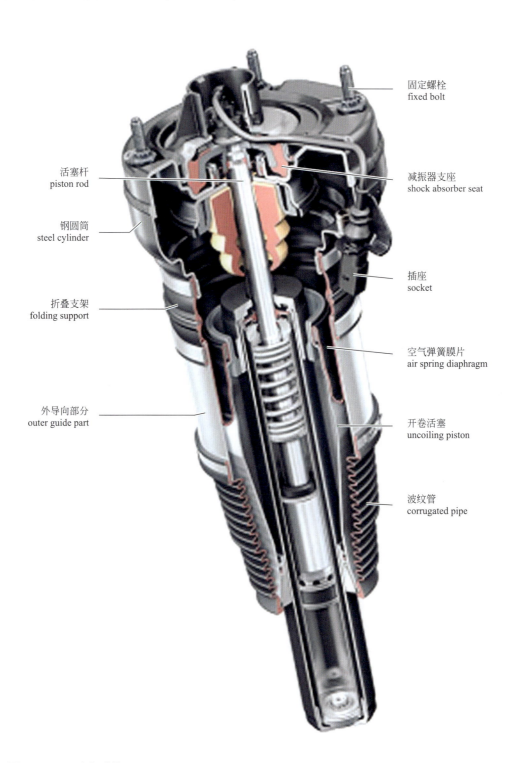

图 3-3-23　空气弹簧

目前汽车上均采用双向作用筒式减振器,主要由活塞、活塞杆、防尘罩、储油缸筒、工作缸筒、压缩阀、伸张阀、流通阀和补偿阀等组成(图3-3-24)。工作原理可用压缩和伸张两个行程加以说明。

压缩行程:当车桥移近车架(或车身)时,减振器受压缩,活塞下移,使其下方腔室容积减小,油压升高。由于流通阀和压缩阀的作用,油液流经阀孔时,受到一定的节流阻力,使振动衰减。

伸张行程:当车桥远离车架(或车身)时,减振器受拉伸,活塞上移,使其上腔室油压升高。由于伸张阀和补偿阀的节流作用对悬架在伸张运动时起到阻尼作用,达到迅速减振的目的。

这种减振器在压缩、伸张两个行程都能起减振作用,因此称为双向作用减振器。

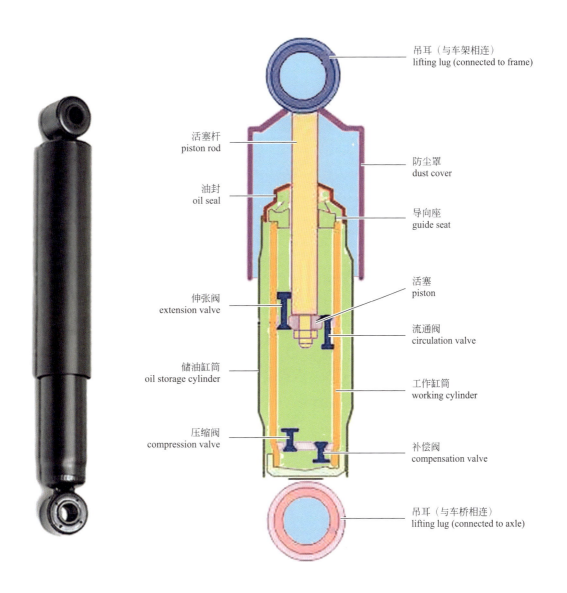

图3-3-24 双向作用筒式减振器

3.3.3 车轮与轮胎

（1）车轮总成

汽车车轮总成（图3-3-25）由车轮和轮胎两大部分组成，是汽车行驶系统的重要部件之一，具有支承整车重量、缓和由路面传递来的冲击载荷、通过轮胎与路面之间的附着作用为汽车提供驱动力和制动力、使车轮具有保持直线行驶的能力、保证汽车的通过性等功用。

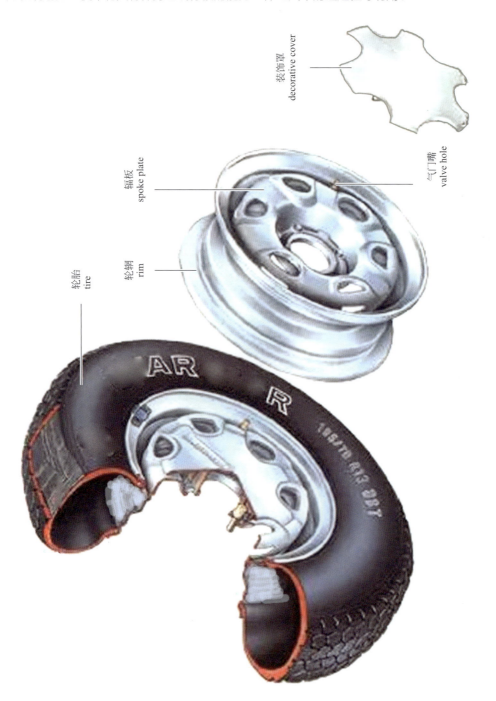

图 3-3-25　车轮总成

（2）子午线轮胎的规格

规格为 195/60 R 14 85 H 的子午线轮胎含义如图3-3-26所示。

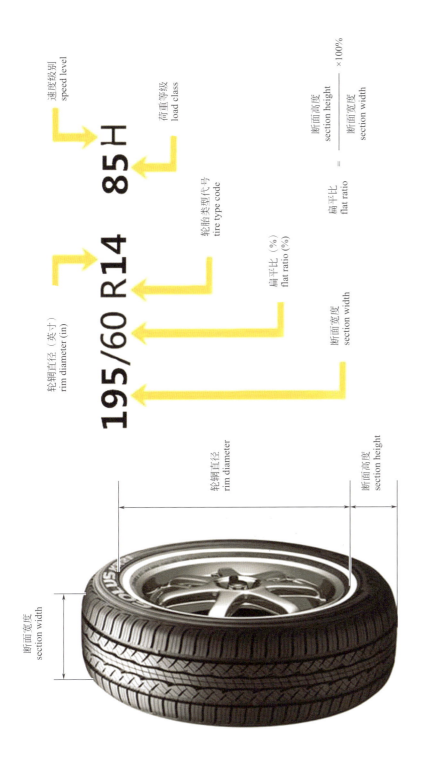

图 3-3-26 子午线轮胎的规格及其含义

注：1. 195 表示轮胎宽度 195mm。货车子午线轮胎的宽度一般以英寸（in）为单位。
2. 60 表示扁平比为 60%。扁平比为轮胎高度 H 与宽度 B 之比。
3. R 表示子午线轮胎，即 Radial 的第一个字母。
4. 14 表示轮辋直径或轮胎内径为 14in。
5. 85 表示荷重等级。荷重等级为 85 的轮胎的最大荷重为 515kg。
6. H 表示速度等级。表明轮胎能行驶的最高车速，H 对应的最高车速为 210km/h。

（3）轮胎压力监控系统

轮胎压力传感器与轮胎气门芯一起固定在轮胎内侧，电控单元通过对相应车轮的振动特性进行分析，轮胎压力监控系统可以判定出失压车轮的位置并在仪表板上显示出来，提示驾驶员（图3-3-27）。

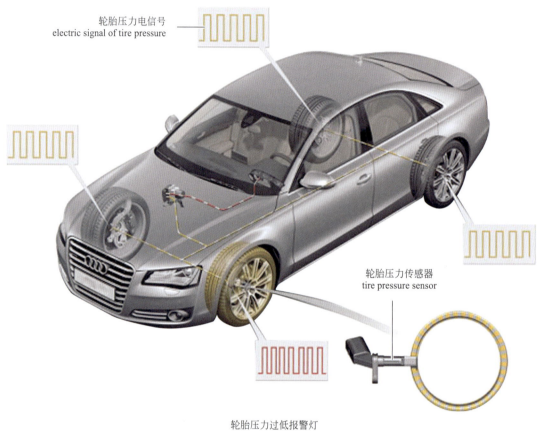

图 3-3-27　轮胎压力监控系统

3.4 转向系统

3.4.1 转向系统的功用与组成

转向系统的功用是保证汽车能够按照驾驶员选定的方向行驶。转向系统主要由转向操纵机构（包括转向盘、转向轴等）、转向器和转向传动机构（包括转向横拉杆、转向节臂、转向节、转向轮等）等组成，如图3-4-1所示。

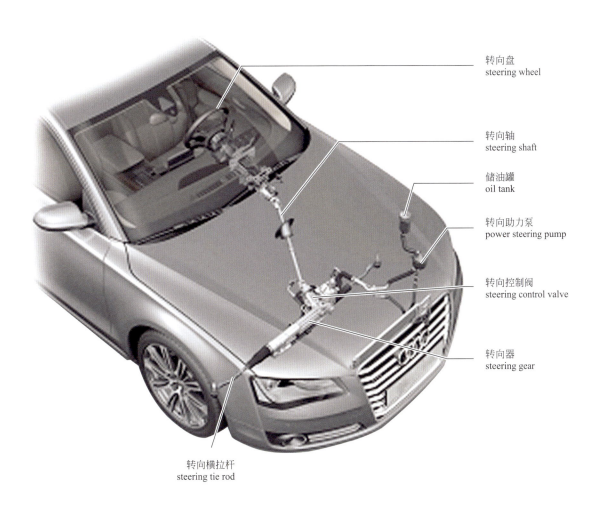

图 3-4-1　转向系统的组成

3.4.2 转向系统的类型

汽车转向系统按转向动力源的不同分为机械转向系统和动力转向系统两大类。动力转向系统又可分为液压式、气压式和电动式三种。目前，汽车上多采用电控动力转向系统（EPS）。

（1）液压动力转向系统

液压动力转向系统主要由转向器、转向控制阀、转向油泵、转向油罐等组成，如图3-4-2所示。转向油泵由曲轴通过传动带驱动运转向外输出压力油，转向油罐有进、出油管接头，通过油管分别与转向油泵及转向控制阀连接。

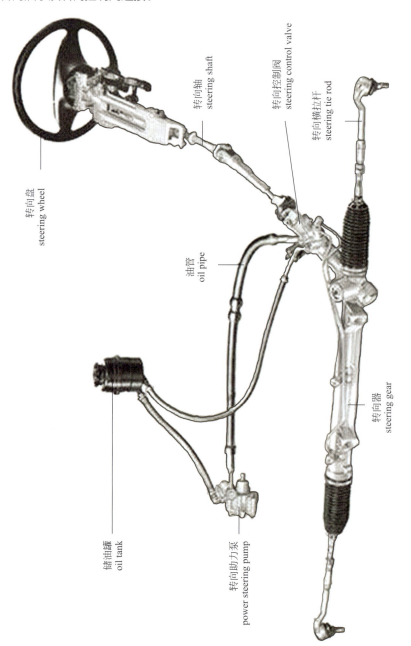

图 3-4-2 液压动力转向系统

（2）电控动力转向系统

液压式电控动力转向系统是在传统的液压动力转向系统的基础上增设了电子控制装置而构成的。它在传统的转向助力泵上添加了电控单元和电动机，可通过行车电脑对转向盘的灵敏度进行调节，使转向盘低速轻盈、高速沉稳（图3-4-3）。

图 3-4-3　液压式电控动力转向系统

电动式电控动力转向系统由控制单元控制转向动作的实施,主要部件有转向盘、转向柱、转向盘转角传感器、转向力矩传感器、转向齿轮、转向助力电动机及转向助力控制单元等(图3-4-4)。

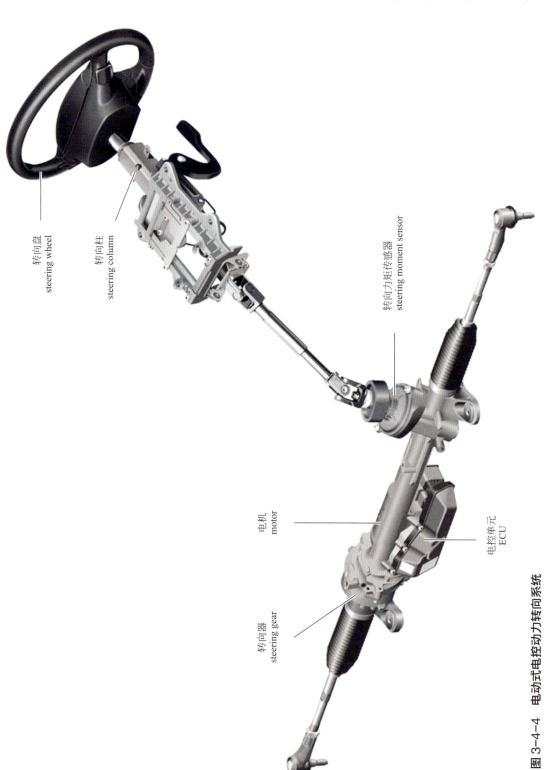

图 3-4-4　电动式电控动力转向系统

3.4.3 转向器

转向器是转向系统中的减速增力传动装置,其功用是增大由转向盘传到转向节的力,并改变力的传动方向,一般分为齿轮齿条式、循环球式和蜗杆曲柄指销式三种。

齿轮齿条式转向器由转向器壳体、转向齿轮、转向齿条等组成(图3-4-5)。采用一级传动副,主动件是齿轮,从动件是齿条。

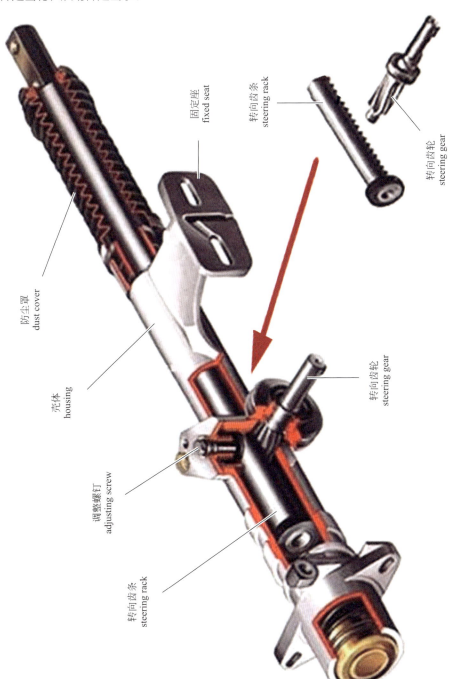

图3-4-5 齿轮齿条式转向器

循环球式转向器主要由转向螺杆、转向螺母、齿条、齿扇、齿扇轴及钢球等组成（图3-4-6）。

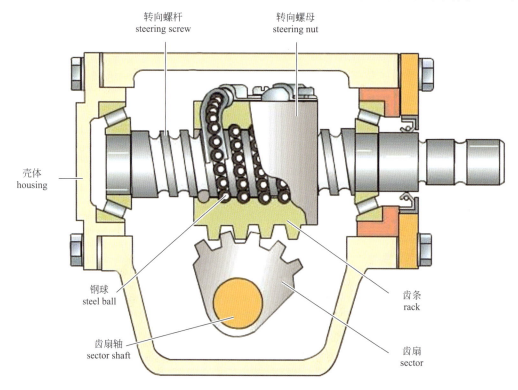

图 3-4-6　循环球式转向器

蜗杆曲柄指销式转向器主要由转向蜗杆、曲柄、指销和摇臂轴等组成（图3-4-7）。

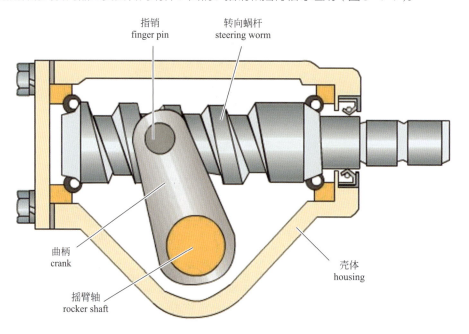

图 3-4-7　蜗杆曲柄指销式转向器

3.4 转向系统

电动机械式转向器由齿轮齿条式转向器和循环球式转向器的部件组合而成，由电动机械式转向助力电动机、循环球机构（循环球螺母、螺杆）、齿轮、齿条和转向助力电控单元等组成（图3-4-8）。

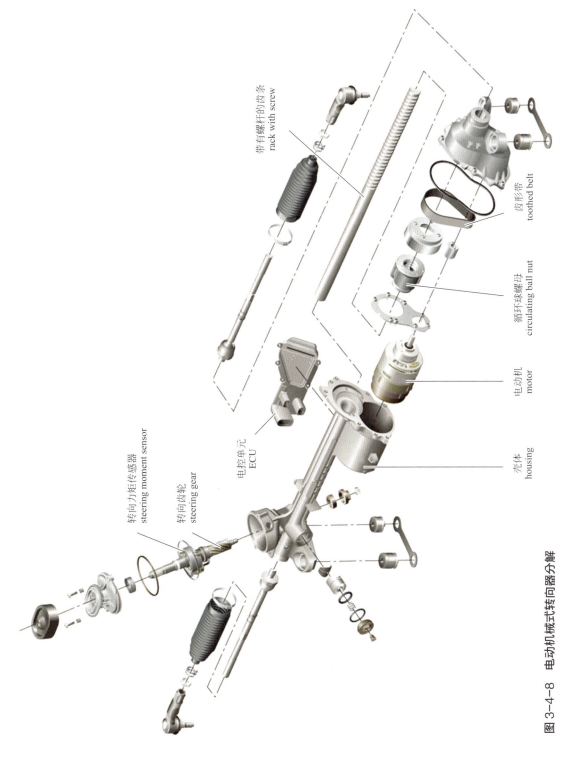

图 3-4-8 电动机械式转向器分解

电动机械式转向器的循环球螺母安装在带有螺杆的齿条上,电动机通过齿形带来使循环球螺母旋转,从而通过循环球机构将电动机的转动转换成齿条的纵向运动并传至转向齿轮(图3-4-9)。

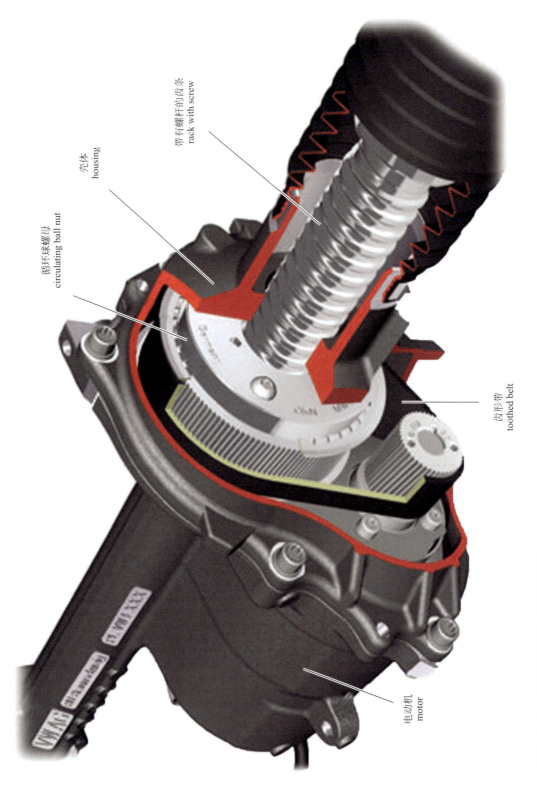

图3-4-9 电动机械式转向器工作原理

3.4.4 转向操纵机构

转向操纵机构一般由转向盘、转向轴、转向柱管、转向节叉、转向盘高度调节装置、万向节（图中未画出）、转向传动轴（图中未画出）等组成（图3-4-10）。转向操纵机构的功用是产生转动转向器所必需的操纵力，并将驾驶员操纵转向盘的力传给转向器，应具有一定的调节和安全性能。

图3-4-10 转向操纵机构

3.4.5 电动转向助力系统的工作原理

如图3-4-11所示,当驾驶员旋转转向盘时,转向助力系统开始工作。安装于转向柱上的转向盘转角传感器将检测到的转向盘的旋转角度和旋转速度,以电信号的方式送至转向柱控制单元。与此同时,作用在转向盘上的力矩经过传递驱动转向小齿轮旋转,转向力矩传感器检测到旋转力矩并将其传给控制单元。根据转向力、发动机转速、车速、转向盘转角、转向盘转速以及存储在控制单元中的特性曲线图,控制单元计算出必要的助力力矩并控制电动机开始工作。由转向助力电动机驱动的小齿轮驱动转向齿条移动,从而给转向盘提供转向助力。

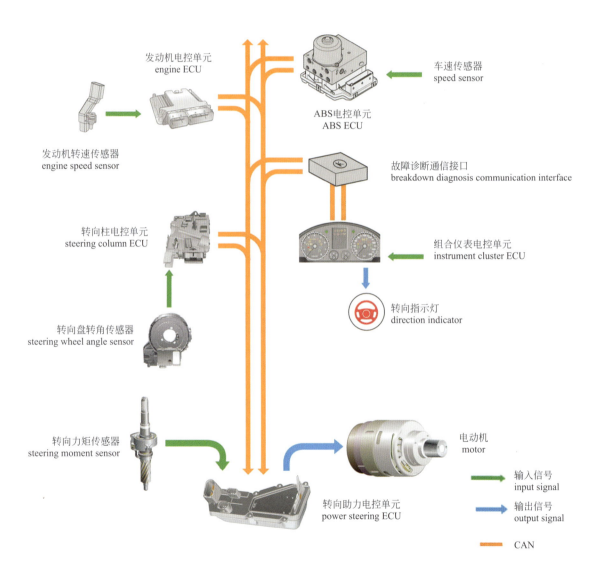

图3-4-11 电动转向助力系统的工作原理

转向盘转角传感器（图3-4-12）为光电式传感器，安装于转向柱上。当驾驶员转动转向盘时，转向柱带动转向盘转角传感器的转子随转向盘一起转动，光源就会通过转子缝隙照在传感器的感光元件上产生信号电压。由于转子缝隙间隔大小不同，故产生的信号电压变化也不同。

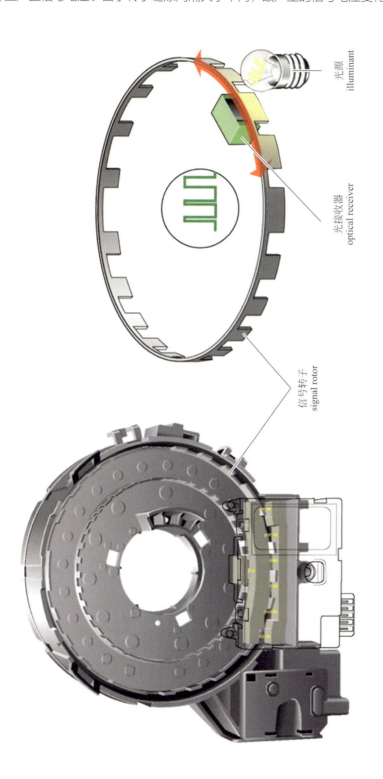

图3-4-12 转向盘转角传感器

转向力矩传感器（图3-4-13）为霍尔式传感器，其环形磁铁和转向轴一体，霍尔传感器和定子一体，当转动转向盘时，环形磁铁相对定子转动，霍尔传感器会测量出磁场的变化（即转向力矩的大小）并将其转换为电信号传递给控制单元。

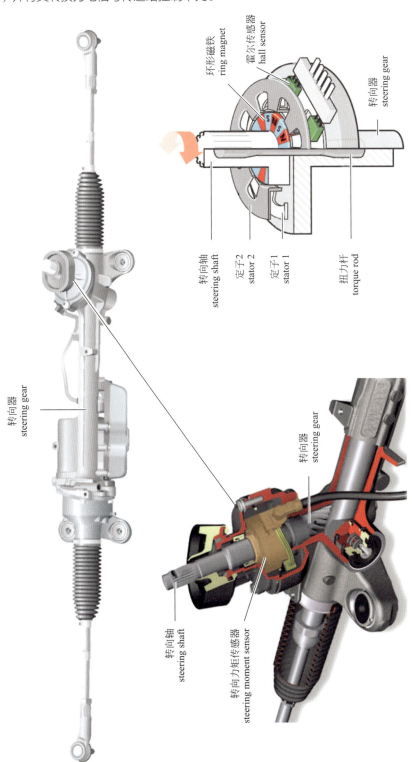

图3-4-13　转向力矩传感器结构

3.4.6 四轮转向系统

四轮转向系统（4WS）是指后轮也和前轮相似，也有转向器（图3-4-14），具有一定的转向功能，不仅可以与前轮同方向转向，也可以与前轮反方向转向。

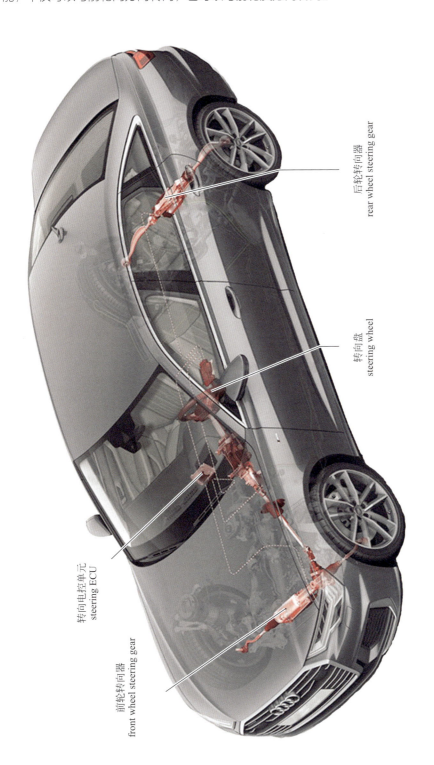

图 3-4-14 四轮转向系统

四轮转向系统的车辆在低速转弯时，前后车轮转向相反，减小转弯半径，提高车辆灵活性；在高速转弯时，前后车轮转向相同，减少侧倾，提高车辆稳定性和操控性（图3-4-15）。

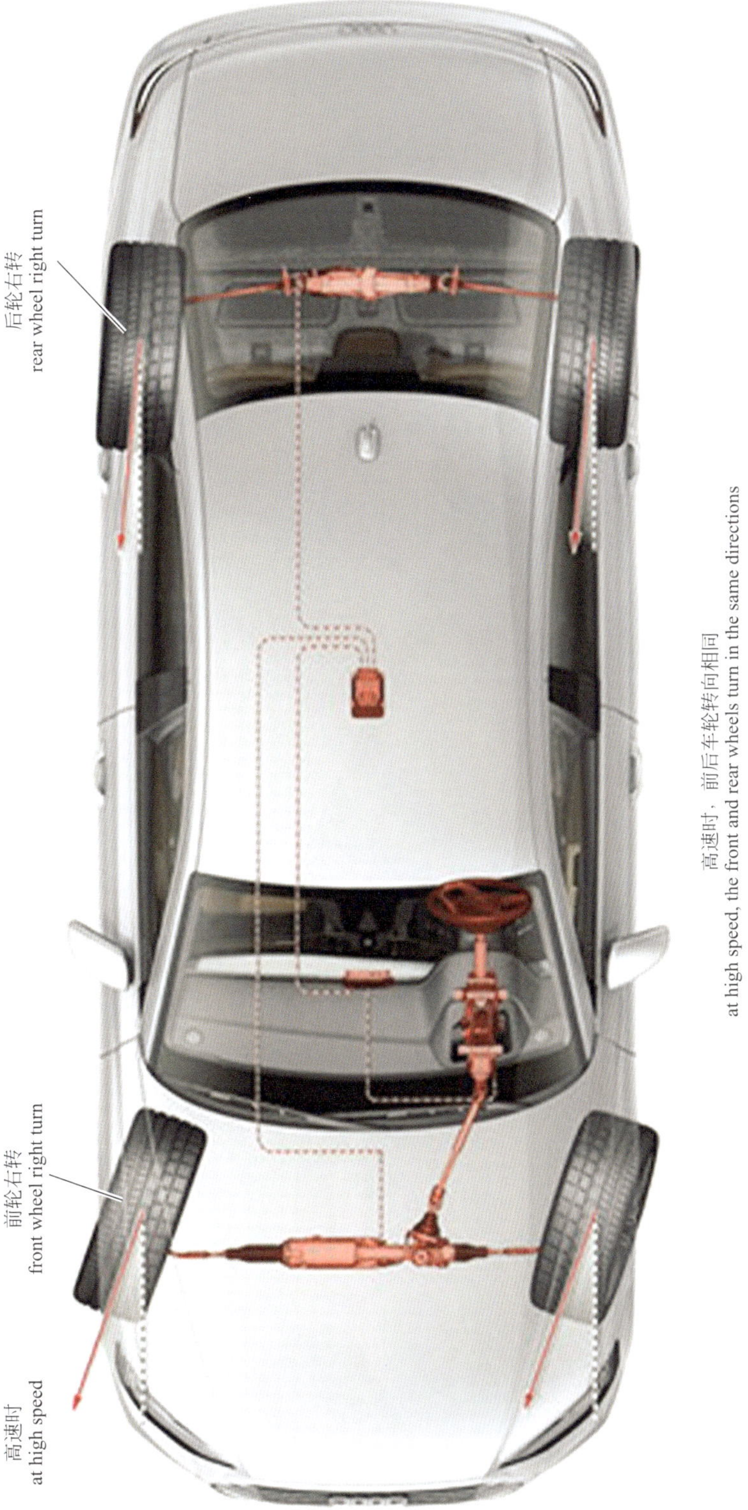

3.4 转向系统

后轮右转
rear wheel right turn

高速时,前后车轮转向相同
at high speed, the front and rear wheels turn in the same directions

前轮右转
front wheel right turn

高速时
at high speed

图 3-4-15 四轮转向系统工作示意

3.5 制动系统

3.5.1 制动系统功用与组成

制动系统的功用是使汽车减速、停车并能保证可靠地驻停。汽车制动系统一般包括行车制动系统和驻车制动系统两套相互独立的制动系统,每套制动系统都包括制动器和制动传动机构。制动系统基本组成如图3-5-1所示。

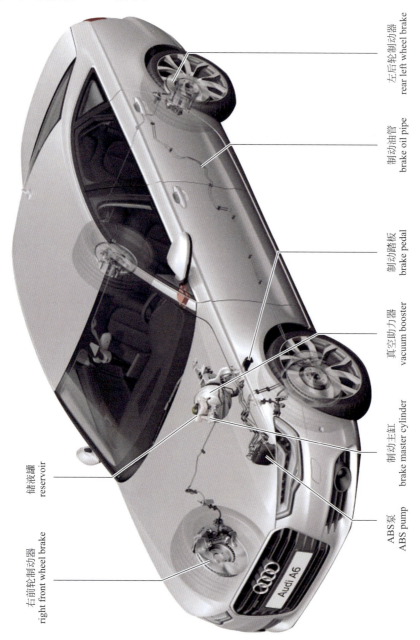

图3-5-1 制动系统基本组成

3.5.2 制动系统主要部件

（1）盘式制动器

图3-5-2所示为盘式制动器结构。

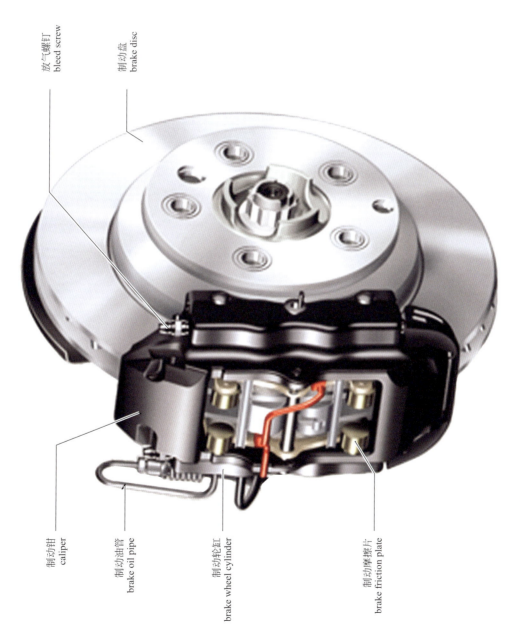

图3-5-2 盘式制动器结构

图3-5-3所示为盘式制动器分解。

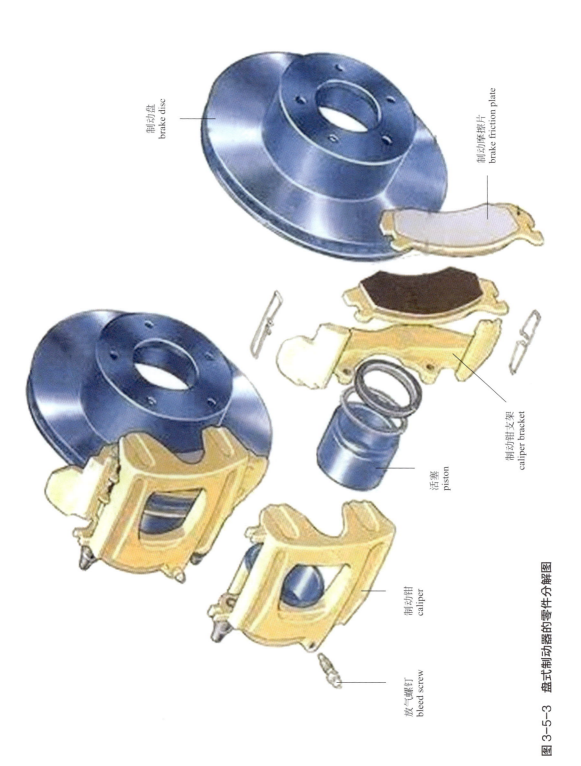

图3-5-3 盘式制动器的零件分解图

（2）钳盘式制动器

钳盘式制动器的固定元件为制动钳，按制动钳固定在支架上的结构形式，钳盘式制动器可分为定钳盘式和浮钳盘式。钳盘式制动器主要由制动钳、活塞（在轮缸内）、制动摩擦片（制动块）、制动盘等组成，其结构与工作原理如图3-5-4、图3-5-5所示。

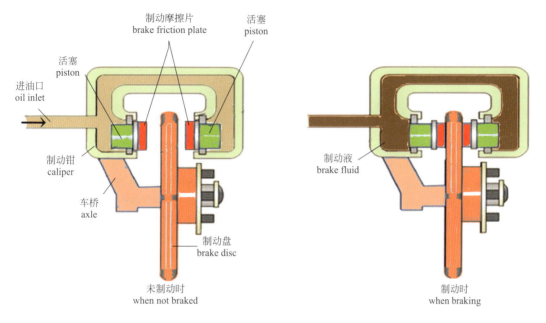

图 3-5-4　定钳盘式制动器的结构与工作原理

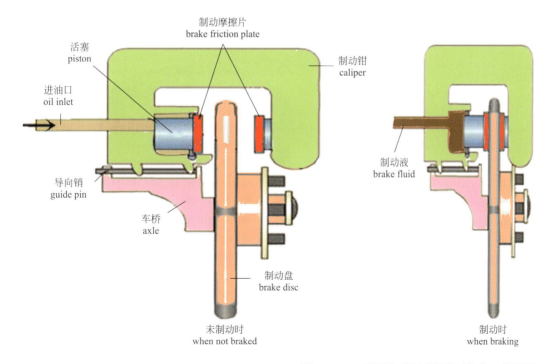

图 3-5-5　浮钳盘式制动器的结构与工作原理

（3）鼓式制动器

鼓式制动器多为内张双蹄式，主要由制动鼓、制动底板、制动蹄、制动轮缸、回位弹簧以及连接部件组成，结构如图3-5-6所示。

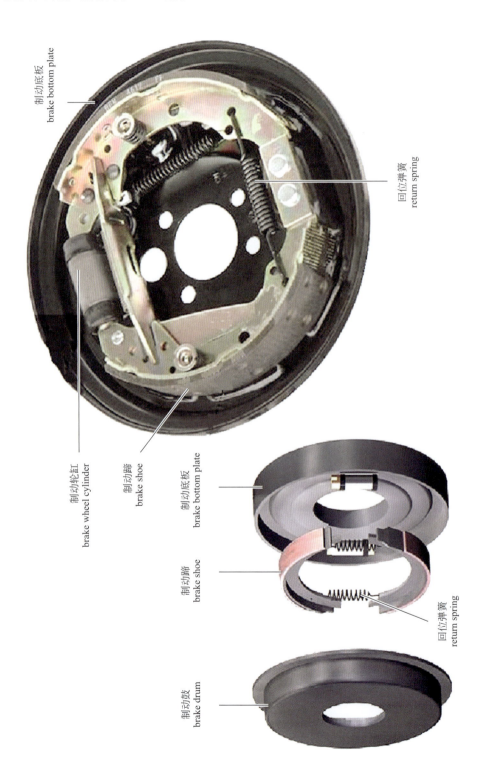

图3-5-6 鼓式制动器的结构

3.5 制动系统

（4）真空助力器

真空助力器（图3-5-7）的作用是利用发动机的真空（负压）来增加驾驶员施加于踏板上的力。

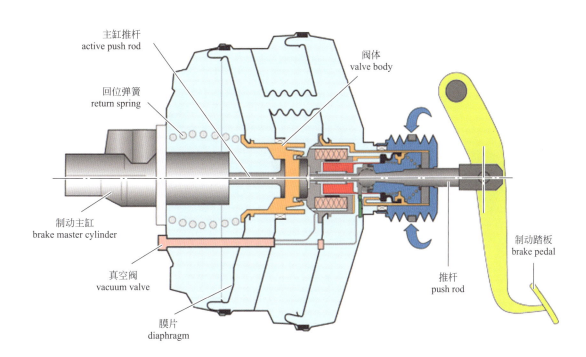

图 3-5-7　真空助力器的结构

（5）电子驻车制动系统

电子驻车制动系统（也称电子手刹）的功用是在车辆停稳后用于稳定车辆，使车辆制动和驻车，避免车辆停车时溜车。它由电动机、传动带、减速齿轮机构、心轴螺杆以及制动活塞组成。整个电子驻车制动系统的执行部件均位于后轮盘式制动器的钳体上，信号通过电控单元控制并用导线传导（图3-5-8）。

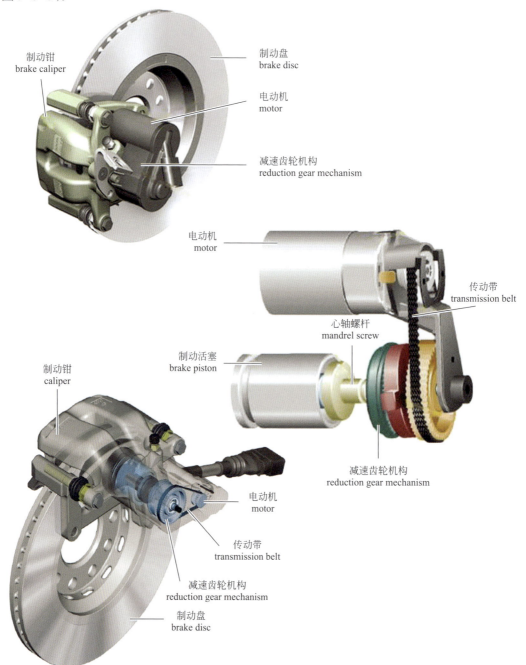

图3-5-8 电子驻车制动系统

3.5.3 ABS防抱死制动系统

ABS防抱死制动系统的作用是在汽车制动时，自动控制制动器制动力的大小，使车轮不被抱死，处于边滚边滑的状态，以保证车轮与地面的附着力在最大值。该系统主要由ABS电控单元、ABS液控单元、ABS泵电机、轮速传感器等组成（图3-5-9）。

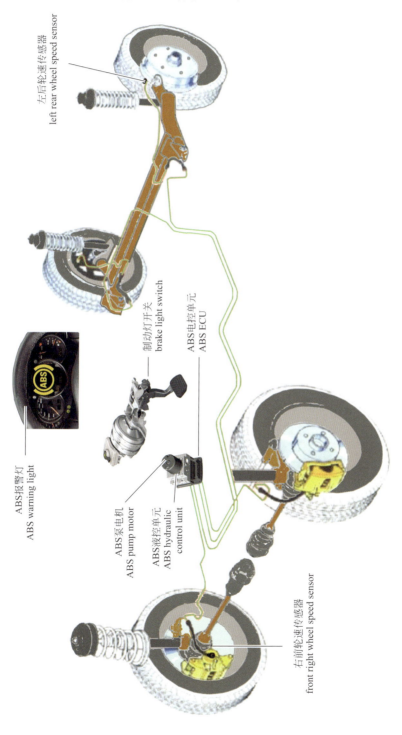

图3-5-9　ABS防抱死制动系统

3.5.4 ESP电子稳定程序系统

ESP是英文Electronic Stability Program的缩写。ESP系统的功能是监控汽车的行驶状态，在车辆紧急躲避障碍物或转弯时出现转向不足或转向过度时，使车辆避免偏离理想轨迹。它是ABS（防抱死制动系统）、BAS（制动辅助系统）和ASR（加速防滑控制系统）等系统功能上的延伸，功能更为强大。

ESP系统主要由ESP控制单元、转向盘转角传感器、车轮速度传感器、侧向加速度传感器、横向加速度传感器等组成。电控单元通过这些传感器的信号对车辆的运行状态进行判断，进而发出控制指令（图3-5-10）。

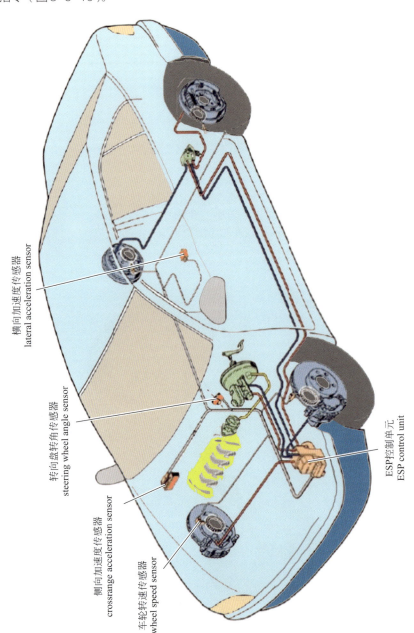

图3-5-10 ESP系统

ESP控制单元的结构如图3-5-11所示。

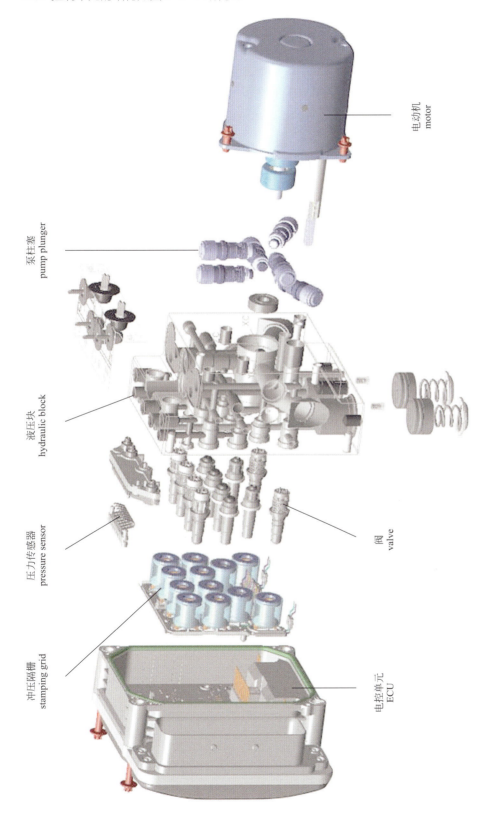

图3-5-11 ESP控制单元的结构

PART 4

第4章
汽车电气设备

4.1 汽车电气设备的组成
4.2 电源部分
4.3 启动系统
4.4 点火系统
4.5 照明与信号系统
4.6 仪表与报警系统
4.7 空调系统
4.8 安全气囊
4.9 车载网络系统
4.10 汽车辅助电气系统

4.1 汽车电气设备的组成

汽车电气设备的功能是保证车辆在行驶过程中的可靠性、安全性和舒适性。汽车电气设备按功用不同可分为电源部分（即充电系统，包括蓄电池、发电机及调节器）、用电设备（包括起动系统、点火系统、照明与信号系统、仪表与报警系统、空调系统、辅助电气系统、电子控制系统等）和配电装置（包括电路开关、保险装置、插接器及导线）等，如图4-1-1所示。

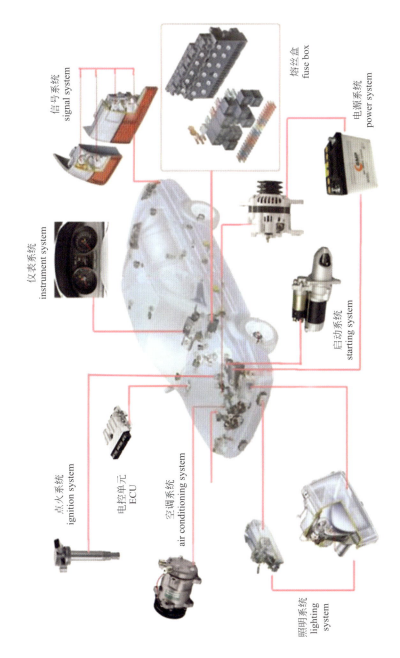

图4-1-1 汽车电气设备的组成

第4章 汽车电气设备

4.2 电源部分

电源部分包括蓄电池、交流发电机（带电压调节器）、充电指示灯等，如图4-2-1所示。

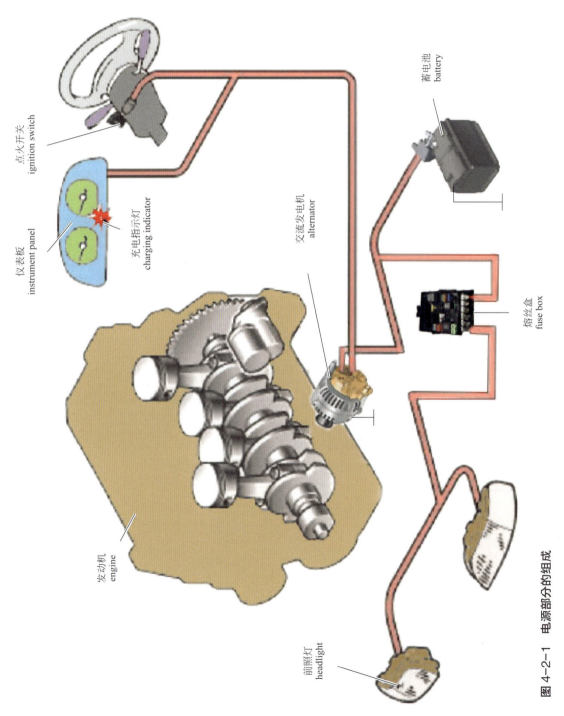

图 4-2-1 电源部分的组成

4.2.1 蓄电池

蓄电池（俗称电瓶），是汽车上的两个电源之一，在汽车上与发电机并联，共同向用电设备供电。蓄电池由多个单格电池组成，每个单格电池由正极板、负极板、隔板、电解液和壳体等组成，如图4-2-2所示。蓄电池极板组的安装示意如图4-2-3所示。

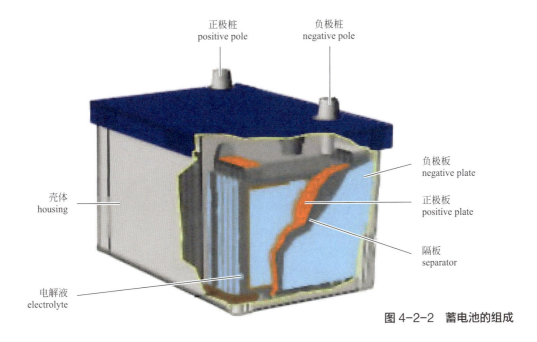

图 4-2-2　蓄电池的组成

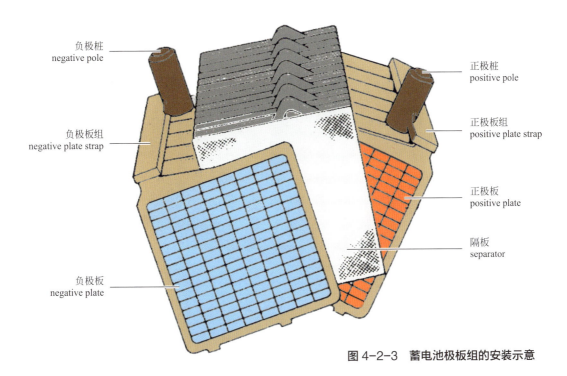

图 4-2-3　蓄电池极板组的安装示意

4.2.2　交流发电机

　　交流发电机由汽车发动机驱动,是汽车用电设备的主要电源,它在正常工作时,对除起动机以外的所有用电设备供电,并向蓄电池充电。

　　交流发电机由定子、转子、整流器、前端盖、后端盖、风扇、V带轮等组成,电压调节器安装在其上(图4-2-4、图4-2-5)。

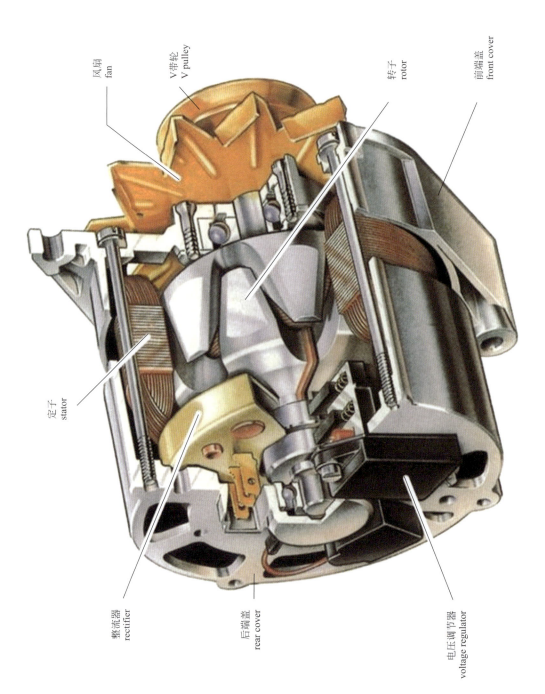

图4-2-4　交流发电机结构

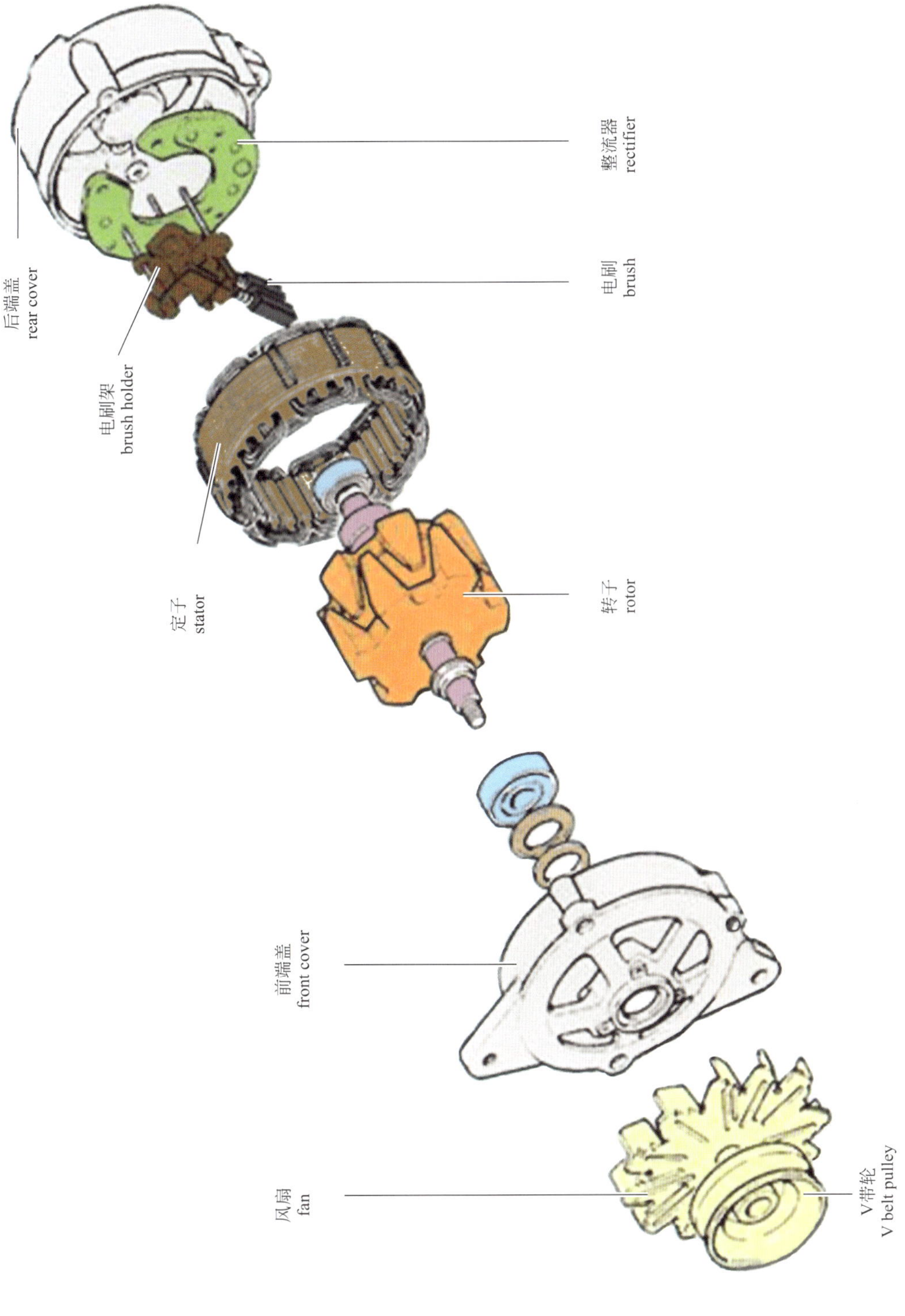

4.2 电源部分

图 4-2-5 整体式交流发电机分解

- 后端盖 rear cover
- 电刷架 brush holder
- 定子 stator
- 前端盖 front cover
- 风扇 fan
- 整流器 rectifier
- 电刷 brush
- 转子 rotor
- V 带轮 V belt pulley

· 225 ·

4.3 启动系统

4.3.1 启动系统的功用与组成

起动机在点火开关和启动继电器（有的车辆没有启动继电器）的控制下，将蓄电池的电能转化为机械能，带动发动机飞轮齿圈使曲轴转动，完成发动机的启动。启动系统由蓄电池、起动机、启动继电器、点火开关等组成，如图4-3-1所示。

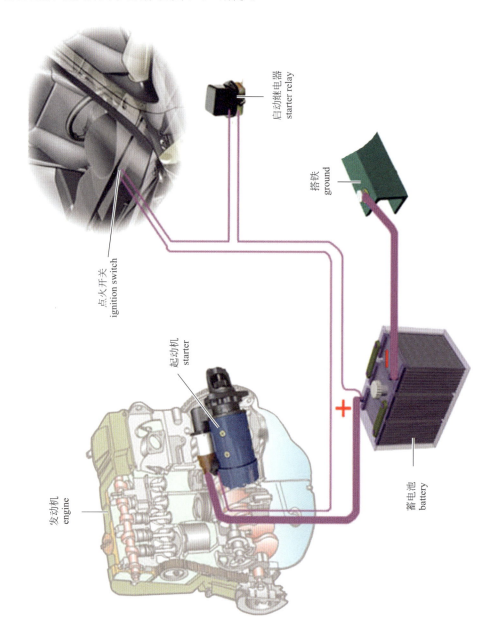

图 4-3-1 启动系统的组成

4.3.2 起动机的组成与结构

起动机是启动系统的主要组成部分，由串励式直流电动机、传动机构和电磁开关（也称控制装置）三部分组成，如图4-3-2所示。

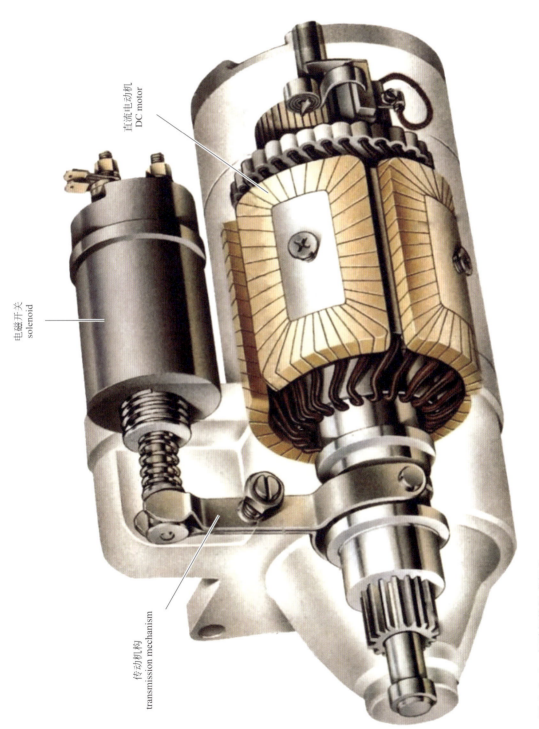

图 4-3-2 起动机的组成部分

第4章 汽车电气设备

起动机的结构如图4-3-3所示，包括电枢、电刷、电刷架、磁极铁芯、电磁线圈（励磁绕组）、电磁开关、单向离合器、拨叉、驱动齿轮等。

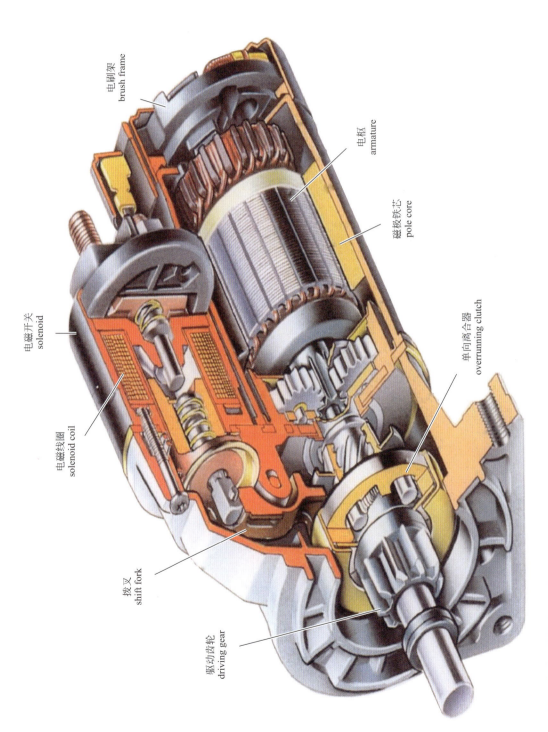

图4-3-3 起动机的结构

起动机的分解如图4-3-4所示。

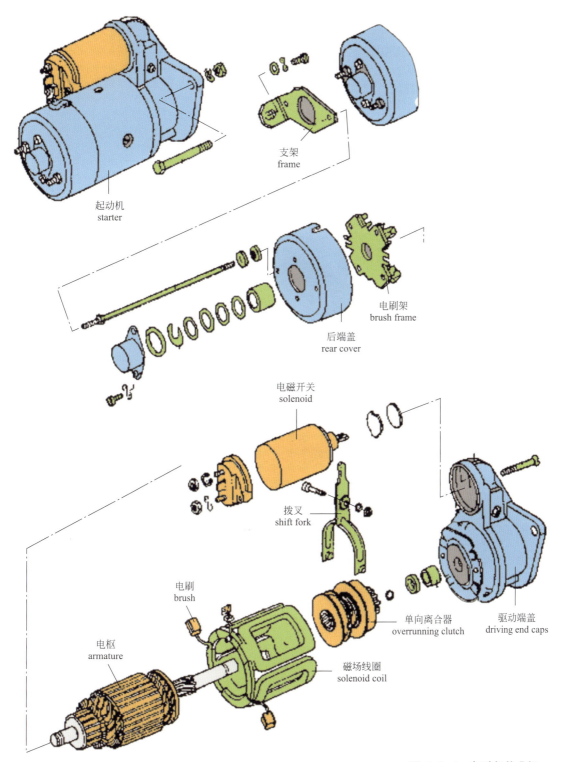

图 4-3-4　起动机的分解

4.3.3 减速起动机

减速起动机主要是在传动机构和电枢轴之间安装了一套齿轮减速装置，通过减速装置后再把转矩传递给单向离合器。其优点是可以降低电动机的速度，增大输出转矩，起动机的体积和重量都得到了减小。减速起动机的结构如图4-3-5所示。

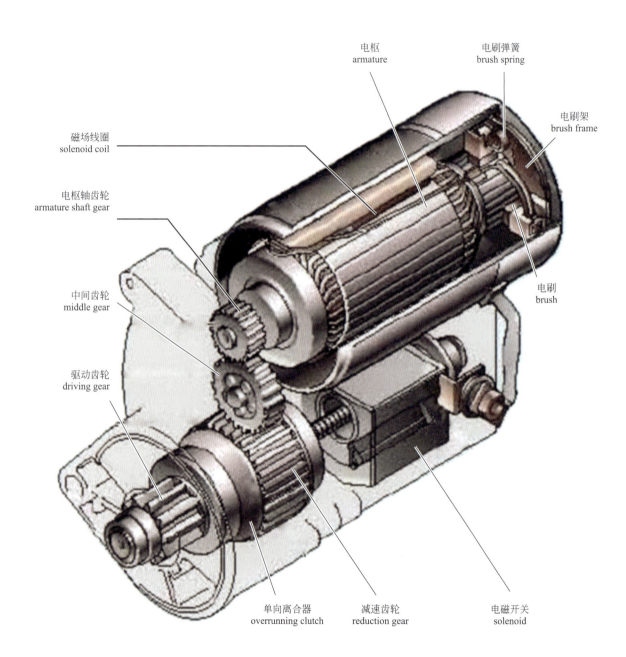

图 4-3-5　减速起动机的结构

4.4 点火系统

4.4.1 点火系统的组成

点火系统的作用是将汽车电源供给的低压电转变为高压电,并按照发动机的做功顺序与点火时刻的要求,适时准确地将高压电送至各缸的火花塞,使火花塞跳火,点燃气缸内的混合气。点火系统一般由蓄电池、点火线圈、火花塞、ECU(电控单元)、曲轴位置传感器、凸轮轴位置传感器、爆燃传感器等组成(图4-4-1)。

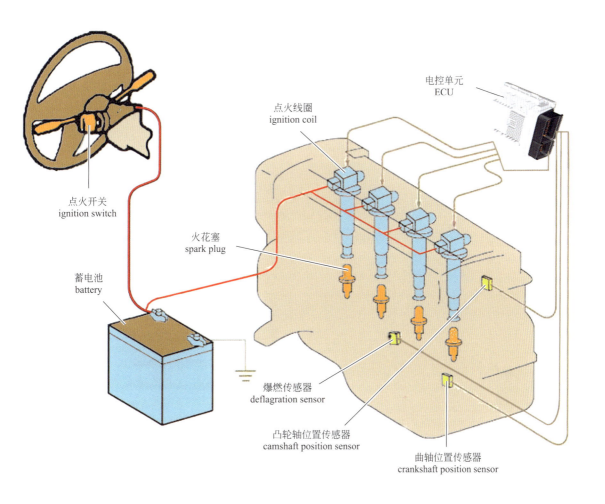

图 4-4-1　点火系统的组成

4.4.2 点火系统的主要部件

（1）火花塞

火花塞的作用是将高压电引入气缸燃烧室，产生电火花点燃混合气（图4-4-2）。

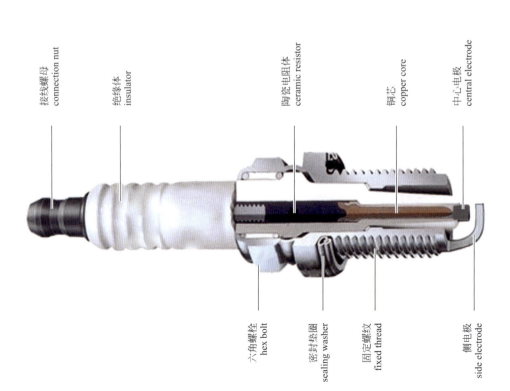

图 4-4-2　火花塞的结构

（2）点火线圈

点火线圈的作用是将12V低压电转变成15~20kV的高压电，其结构与自耦变压器相似，所以也称变压器。点火线圈的结构如图4-4-3所示，工作原理如图4-4-4所示。

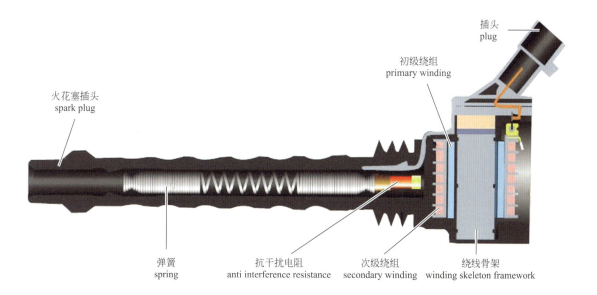

图4-4-3　点火线圈的结构

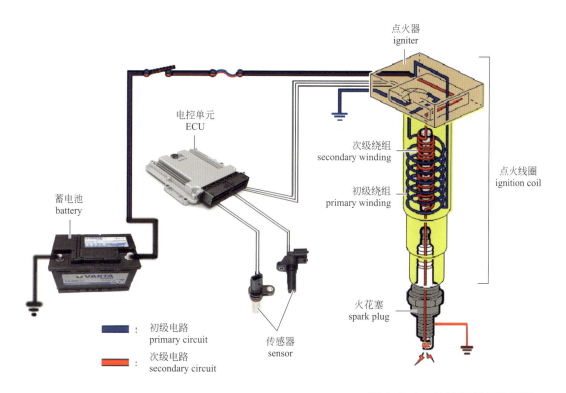

图4-4-4　点火线圈的工作原理

4.5 照明与信号系统

4.5.1 照明与信号系统的组成

为了保证汽车行驶安全，汽车上都装备了多种照明与信号设备。照明系统包括前照灯、雾灯、牌照灯、仪表灯、顶灯和工作灯等；信号系统包括转向灯、示宽灯（行车灯或日行灯）、危险报警灯、制动灯、倒车灯等。图4-5-1和图4-5-2所示为宝马3系轿车前部和后部照明系统的部件名称。

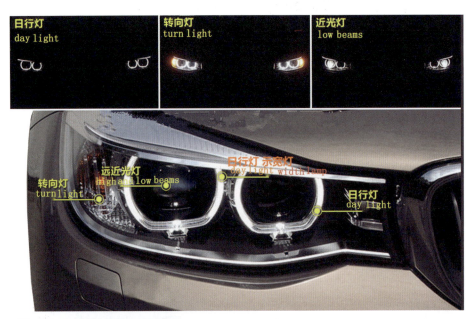

图4-5-1　前部照明与信号系统

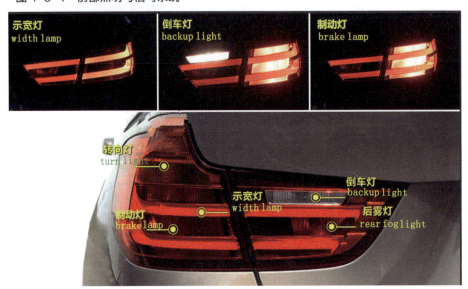

图4-5-2　后部照明与信号系统

4.5.2 前照灯

前照灯又称大灯，安装在汽车前部，用来照亮车前的道路，有两灯制和四灯制之分。目前汽车前照灯可分为卤素大灯（图4-5-3）、氙气大灯（图4-5-4）和LED大灯（图4-5-5）等。

图 4-5-3　卤素大灯

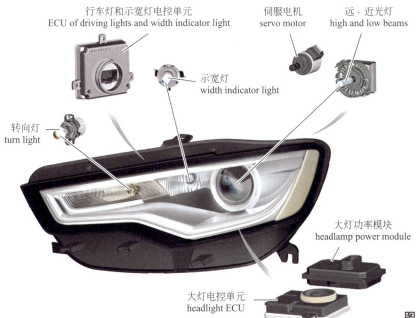

图 4-5-4　氙气大灯

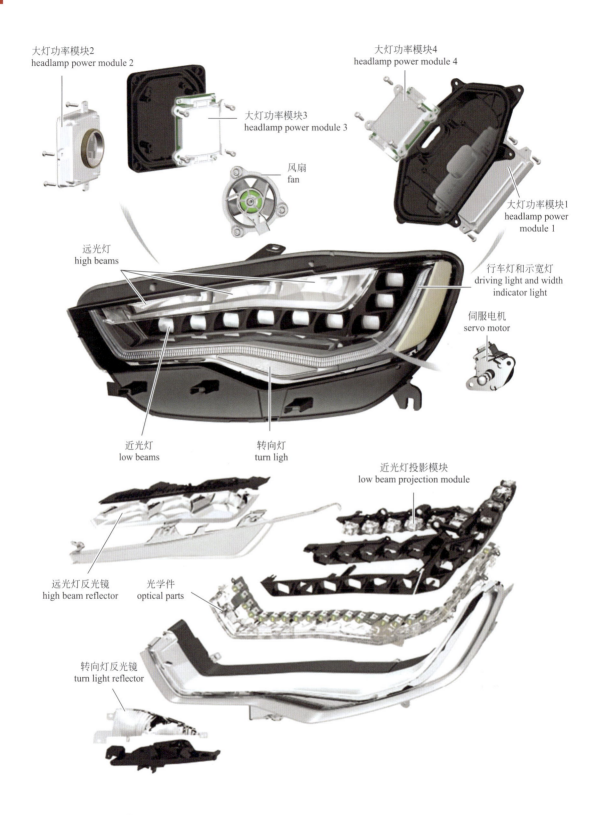

图 4-5-5 LED 大灯

4.6 仪表与报警系统

4.6.1 仪表盘

汽车仪表一般安装在驾驶员的前方,它是汽车运行状况的动态反映,是汽车与驾驶员进行信息交流的界面,为驾驶员提供必要的汽车运行信息,同时也是维修人员发现和排除故障的重要依据。一般仪表盘上主要有燃油表、冷却液温度表、发动机转速表和车速里程表等。仪表盘上还有许多指示灯、报警灯、仪表灯等(图4-6-1)。

图 4-6-1 仪表盘

4.6.2 报警灯

现代汽车为了保证行车安全，提高车辆的可靠性，在汽车仪表盘上安装了许多报警装置，如机油压力报警灯、冷却液温度报警灯、燃油不足报警灯、制动液面过低报警灯、充电系统故障报警灯、轮胎压力报警灯等（图4-6-2）。报警灯通常安装在仪表上，在灯泡前设有滤光片，使报警灯发出红光或黄光，滤光片上通常有标准图形符号。

图 4-6-2　报警灯

4.6.3 新能源汽车仪表盘

（1）插电式混合动力汽车仪表盘

插电式混合动力汽车仪表盘如图4-6-3所示。

（2）电动汽车仪表盘

北汽新能源EX360上搭载的6.2英寸液晶仪表盘进行了合理设计。如图4-6-4所示，仪表盘左侧为功率表，右侧为车速表，中间液晶屏幕可同时显示车辆实时功率、小计里程、车速、剩余续航里程、挡位等车辆信息，可使驾驶员在驾驶过程中免去大量的手动操作，对车辆信息随时一目了然。例如，通过左侧的功率表指针，驾驶员可以了解车辆当前的制动能量回收状态，当指针处于功率表绿色区域时，能量回收系统介入，此时车辆续航能力会有效提升。

4.6 仪表与报警系统

图 4-6-3　插电式混合动力汽车仪表盘

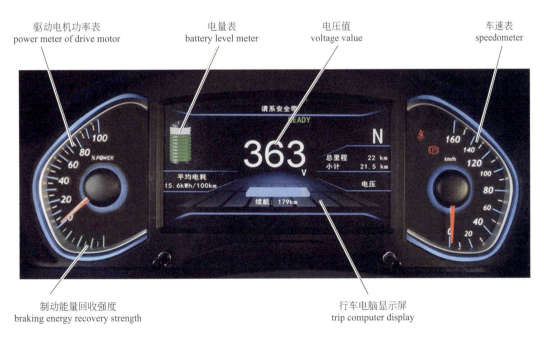

图 4-6-4　电动汽车仪表盘

· 239 ·

4.7 空调系统

4.7.1 概述

汽车空调即车内空气调节装置，是指对车内空气的温度、湿度、流速及清洁度进行调节控制的装置。可将车内空气调整到对人体最适宜的状态，改善驾驶员和车内乘员的舒适性（图4-7-1）。

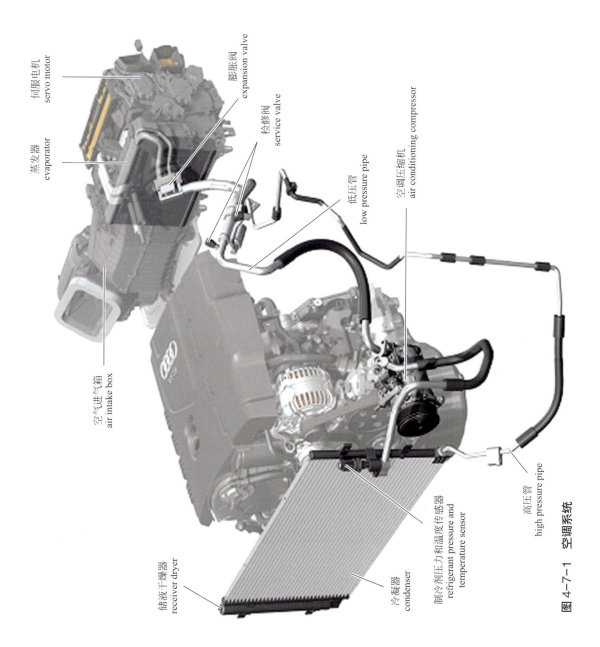

图 4-7-1 空调系统

4.7.2 空调系统的组成

空调制冷系统主要由空调压缩机、冷凝器、蒸发器、孔管或膨胀阀、储液干燥器、高低压管路、鼓风机、控制电路等部分组成,如图4-7-2所示。

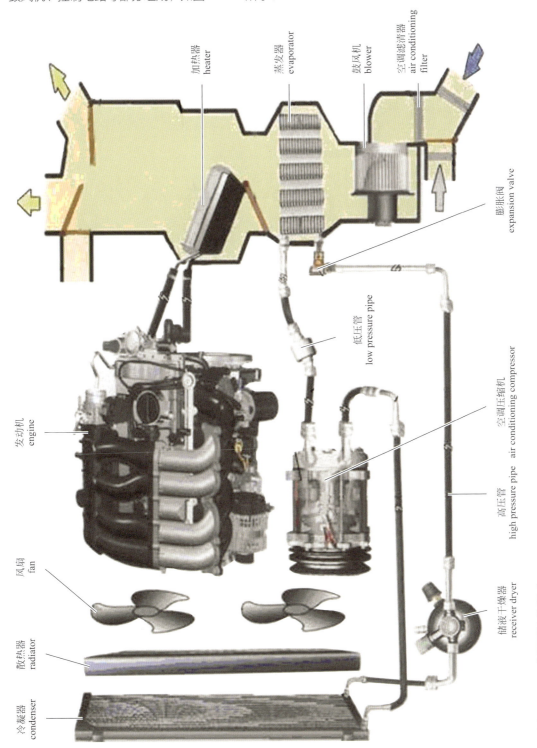

图4-7-2 空调系统的组成

4.7.3 空调制冷系统基本工作原理

如图4-7-3所示，制冷系统工作时，制冷剂以不同的状态在密闭系统内循环流动，每一循环包括压缩、冷凝放热、节流膨胀和蒸发吸热四个基本过程。

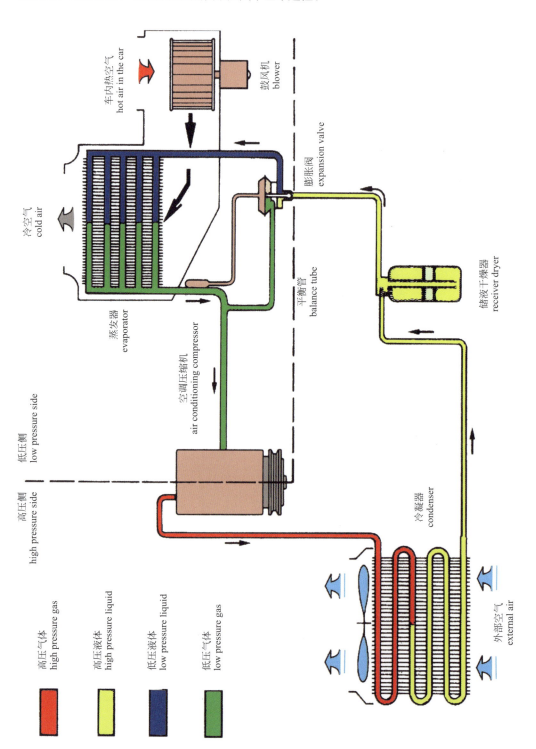

图 4-7-3 空调制冷系统基本工作原理

4.7.4 空调压缩机

空调压缩机的作用是将从蒸发器出来的低温、低压的气态制冷剂通过压缩转变为高温、高压的气态制冷剂，并将其送入冷凝器。常见的类型有斜盘式压缩机、摆盘式压缩机、曲轴连杆式压缩机，图4-7-4所示为压缩机分解，图4-7-5所示为压缩机零件。

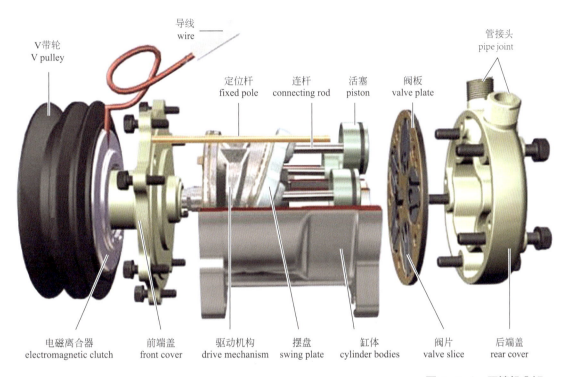

图 4-7-4　压缩机分解

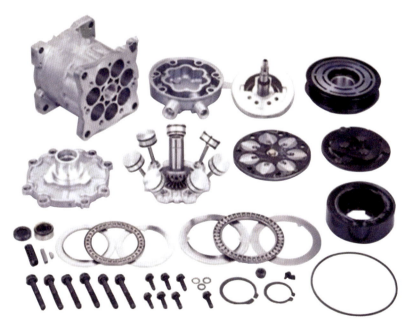

图 4-7-5　压缩机零件

4.8 安全气囊

4.8.1 概述

安全气囊在车辆发生碰撞时能够起到缓冲作用,从而降低撞击对车内乘客造成的伤害程度。安全气囊系统主要包括安全气囊、碰撞传感器、安全气囊电控单元、安全气囊报警灯等(图4-8-1)。

图 4-8-1 安全气囊系统

4.8.2 安全气囊的组成

安全气囊主要包括气囊、气体发生器以及点火器等，驾驶员安全气囊结构如图4-8-2所示，前乘员安全气囊结构如图4-8-3所示。

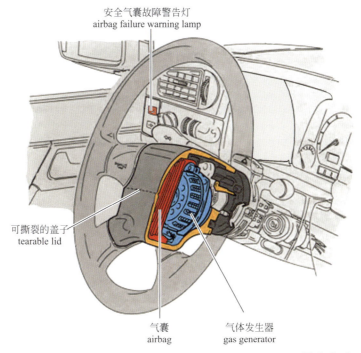

图 4-8-2　驾驶员安全气囊

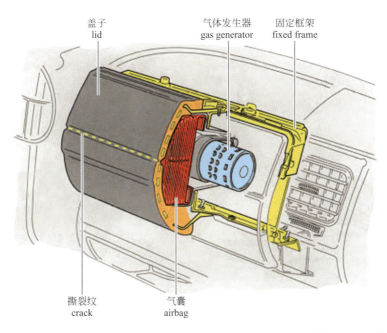

图 4-8-3　前乘员安全气囊

气体发生器中的引爆器由安全气囊电控单元激活,并引燃引爆材料。引爆材料燃烧后通过喷孔点燃固体燃料,当固体燃料燃烧所产生的气体压力超过规定数值时,出气口打开,气体通过金属过滤器后充入气囊,气囊被展开(图4-8-4、图4-8-5)。

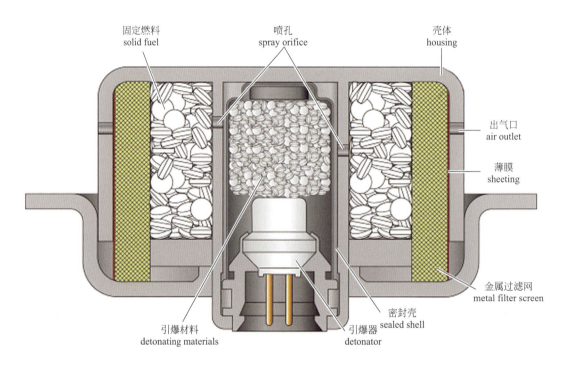

图4-8-4 气体发生器(一)

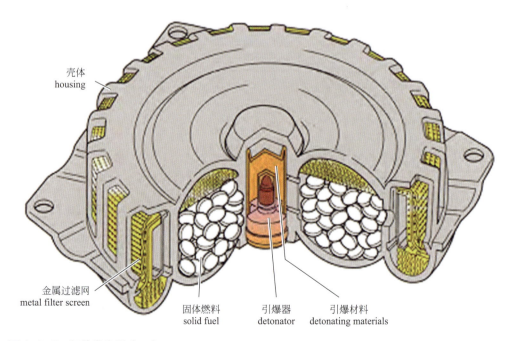

图4-8-5 气体发生器(二)

4.9 车载网络系统

4.9.1 数据总线的布置

为了简化线路，提高信息传输的速度和可靠性，降低故障发生率，现代汽车都采用了汽车车载网络系统，它是一种基于数据网络的车内信息交互方式。为实现汽车上众多电控单元的联网，使用了CAN、LIN和MOST等数据总线。在最新一代迈腾轿车中采用的车载网络配置方案，安装的电控单元数量超过了68个，如图4-9-1所示。

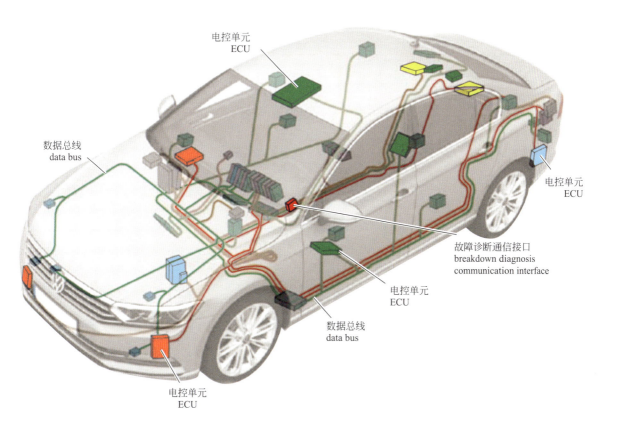

图 4-9-1 数据总线的布置

4.9.2 数据总线的组成

基于MQB平台的联网方案针对2018年款新迈腾（MQB-B）进行了技术扩展，数据总线组成如图4-9-2所示。

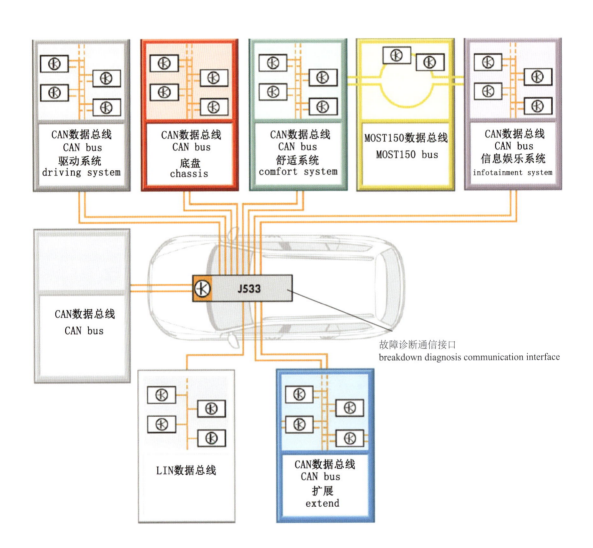

图4-9-2 数据总线组成

4.10 汽车辅助电气系统

4.10.1 汽车线束

汽车线束一般由导线、插接器（插头或插座）、护套等组成。汽车线束一般分为发动机线束、仪表线束、车身线束等。图 4-10-1 所示为整车线束布置。

图 4-10-1 整车线束布置

图4-10-2所示为整车线束与零部件的连接。

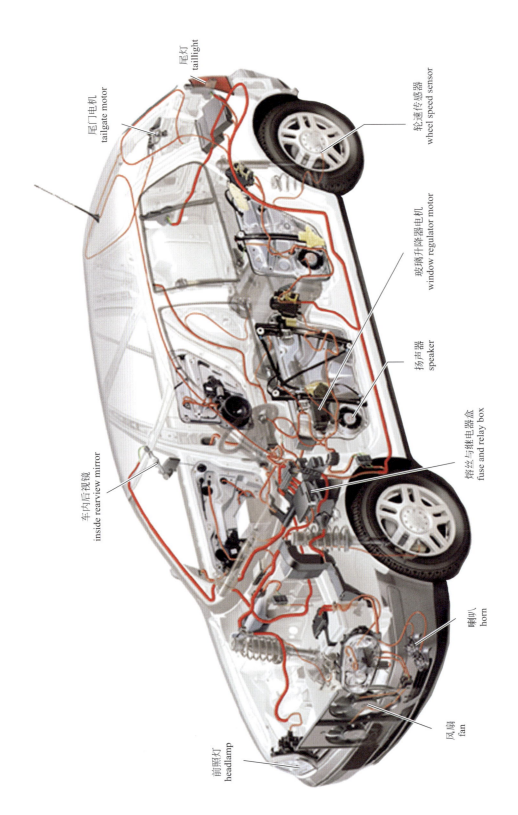

图4-10-2 整车线束与零部件的连接

4.10.2 继电器

(1) 继电器的作用

在汽车电路中，应用大量的继电器来控制电路的导通与截止，它的主要作用是用小电流控制大电流，可保护开关触点不被烧蚀，提高开关的使用寿命。继电器通常与熔丝安装在一个盒内，如图4-10-3所示。

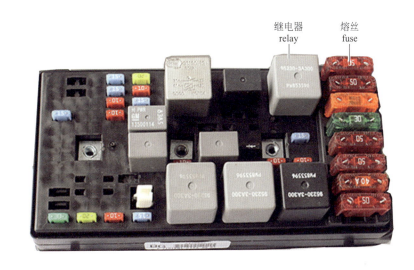

图 4-10-3　熔丝继电器盒

(2) 继电器的结构

继电器一般由电磁铁（包括线圈、铁芯）、触点（包括动触点、静触点）、外壳和接线端子等组成。继电器的内部结构如图4-10-4所示。

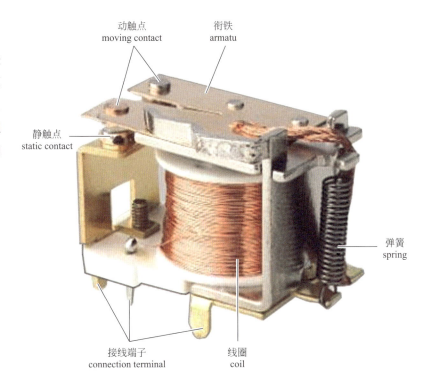

图 4-10-4　继电器的内部结构

第5章
新能源汽车

5.1 混合动力汽车
5.2 纯电动汽车
5.3 燃料电池汽车

新能源汽车是指采用非常规的车用燃料作为动力来源（或使用常规的车用燃料，采用新型车载动力装置），综合车辆的动力控制和驱动方面的先进技术，形成的技术原理先进、具有新技术和新结构的汽车。新能源汽车包括混合动力汽车（HEV）、纯电动汽车（BEV）、燃料电池汽车（FCV）等。

5.1 混合动力汽车

5.1.1 混合动力汽车基本组成

混合动力汽车（Hybrid Electric Vehicle，HEV）的主要驱动系统由至少两个能同时运转的单个驱动系统（内燃机即发动机和电动机）组合而成（图5-1-1），可分为微（轻）混合、中混合和全混合三种动力驱动系统。

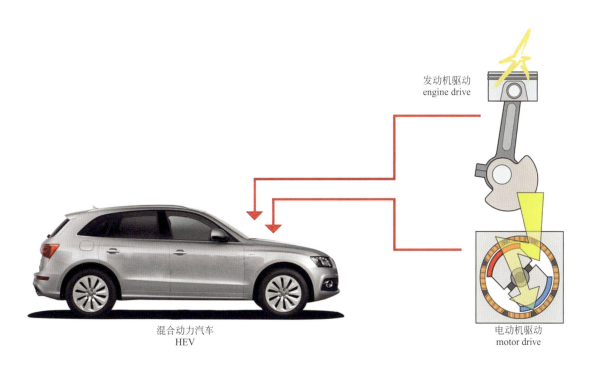

图 5-1-1　混合动力汽车基本组成

（1）微混合动力驱动系统

微混合动力驱动系统中的电气部件（起动机/发电机一体机）仅有启动-停止功能和发电功能。在车辆制动时，部分动能可转化为电能以重新利用（能量再生、能量回收），不能通过纯电力驱动车辆行驶（图5-1-2）。

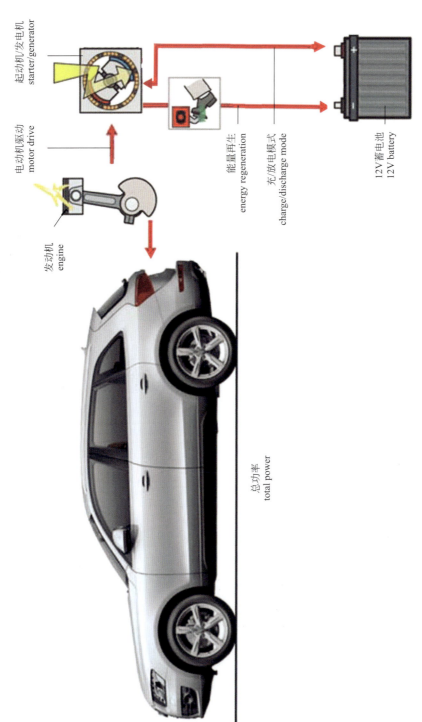

图 5-1-2 微混合动力驱动系统

新奥迪A6微混合动力驱动系统是在常规12V电气系统的基础上并入48V电气系统,并将传统的起动机集成逆变器转化为起动/发电一体式电机,相比传统油电混动,这种方式更加简洁,成本也相对低一些(图5-1-3)。

图 5-1-3 新奥迪 A6 微混合动力驱动系统

（2）中混合动力驱动系统

中混合动力驱动系统不能以纯电动方式驱动车辆来行驶（在发动机和电动机之间没有离合器），电力驱动用来辅助发动机驱动车辆，发动机可以在最佳的效率范围内启动。它也有能量回收、启动－停止以及助力功能（图5-1-4）。

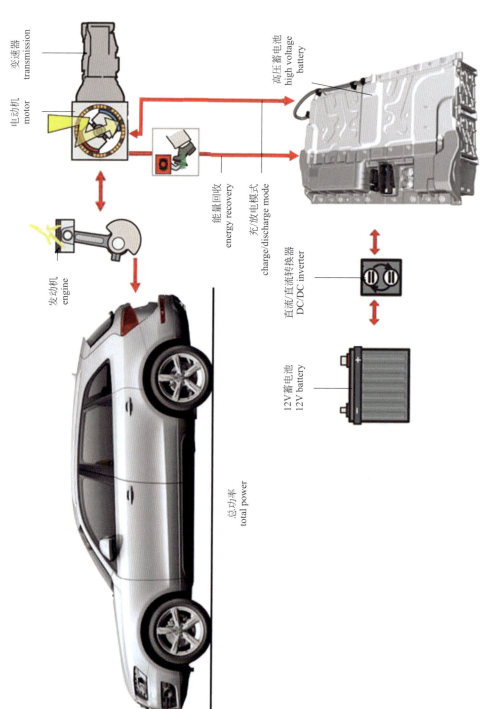

图5-1-4 中混合动力驱动系统

5.1 混合动力汽车

（3）全混合动力驱动系统

全混合动力驱动系统将一台大功率电动机与发动机组合在一起，可以以纯电动方式来驱动车辆行驶。一旦达到规定条件，电动机即可辅助发动机工作。车辆低速行驶时，完全由电力驱动车辆。发动机有启动、停止功能。回收的制动能量可给高压蓄电池充电。发动机和电动机之间的离合器可以断开这两个系统的连接。发动机只在需要时才接通工作（图5-1-5）。

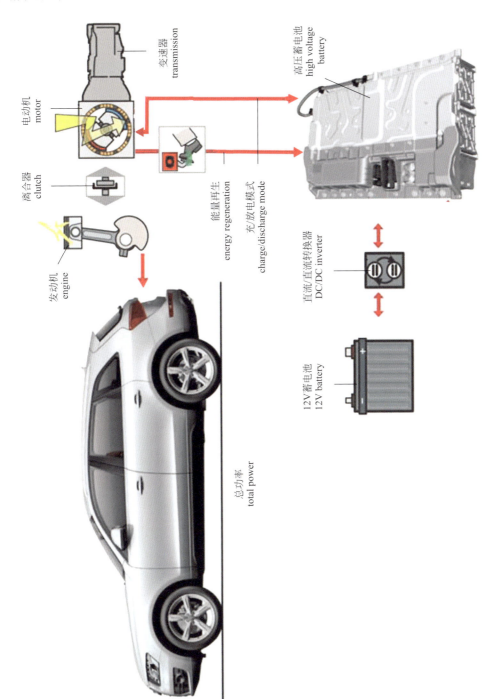

图 5-1-5 全混合动力驱动系统

5.1.2 全混合动力驱动系统的类型

全混合动力驱动系统有并联式混合动力系统、分支式混合动力系统、串联式混合动力系统、分支式串联混合动力系统四种类型。

（1）关联式混合动力系统

关联式混合动力系统的特点是发动机、电动机和变速器装在同一根轴上。发动机和电机各自的功率加起来，就是总功率。这种机构设计可以充分利用原车上的部件，因此结构简单（图5-1-6）。

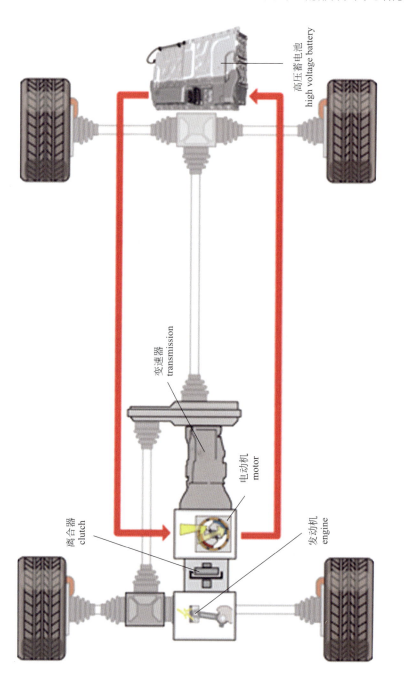

图5-1-6　关联式混合动力系统

（2）分支式混合动力系统

分支式混合动力系统除了有发动机外，还有一个电动机，两者都安装在前桥上。发动机和电动机所发出的动力经一个行星齿轮机构到达变速器。与并联式混合动力系统不同的是，该系统不能将发动机和电动机各自的功率加起来传递到车轮上。所产生的功率，一部分用于驱动车辆，另一部分作为电能储存在高压蓄电池内（图5-1-7）。

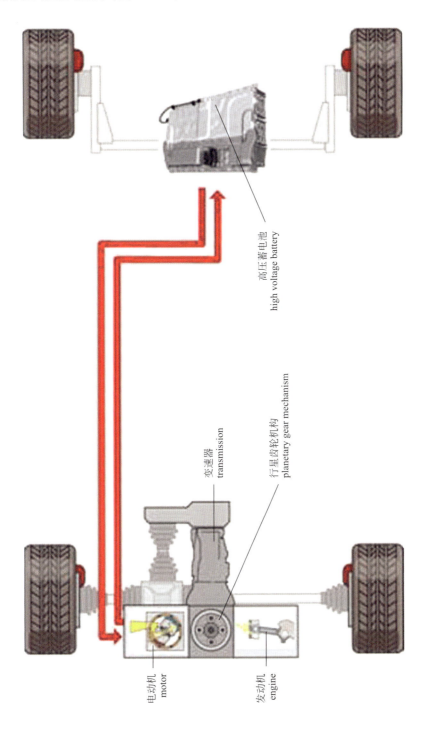

图 5-1-7 分支式混合动力系统

（3）串联式混合动力系统

串联式混合动力系统的车辆只通过电动机来驱动，发动机与驱动轴是没有机械连接的。发动机带动一个发电机，该发电机在车辆行驶时为电动机供电或者给高压蓄电池充电（图5-1-8）。

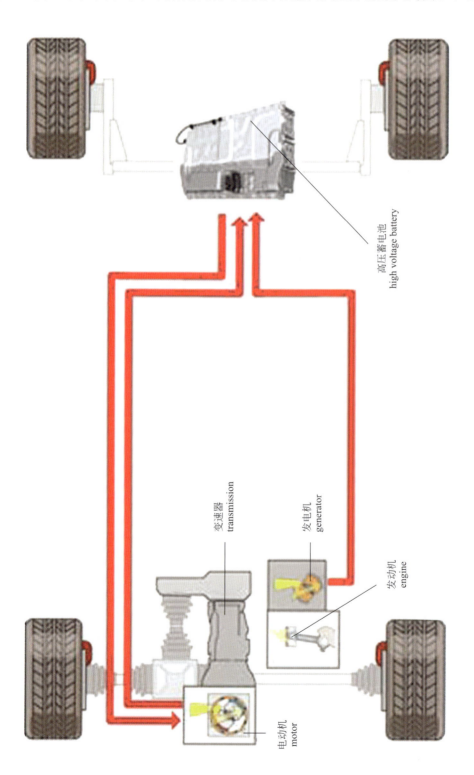

图5-1-8 串联式混合动力系统

（4）分支式串联混合动力系统

分支式串联混合动力系统就是把分支式混合动力系统和串联式混合动力系统综合在一起了。该系统有一个发动机和两个电动机。发动机和电动机1装在前桥上，电动机2装在后桥上。这种结构用于四轮驱动车。发动机和电动机1可以通过行星齿轮机构来驱动车辆变速器。高压蓄电池布置在前、后桥之间。需注意的是，不能就将发动机和电动机各自的功率加起来传递到车轮上。后桥上的电动机2在需要时才会工作（图5-1-9）。

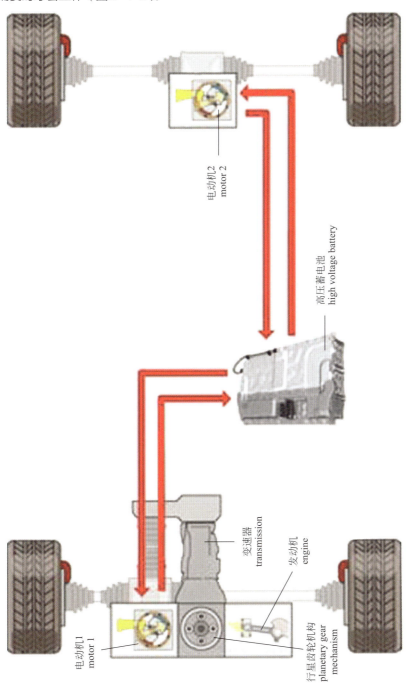

图 5-1-9 分支式串联混合动力系统

5.1.3 混合动力系统 CAN 总线网络

混合动力系统 CAN 总线网络如图 5-1-10 所示，该图展示了使用电动机来驱动车辆行驶时所用到的部件，所有参与行驶的车辆系统之间要交换大量的输入和输出信号，例如用于驱动空调系统、制动器等。

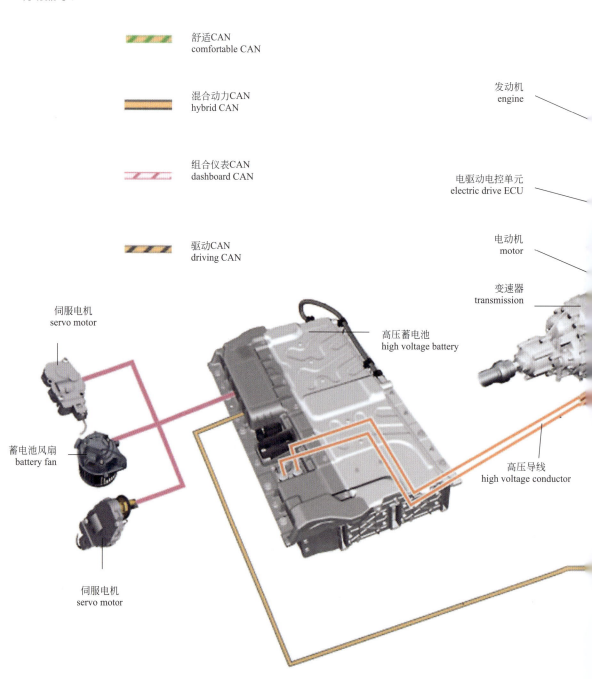

图 5-1-10　混合动力系统 CAN 总线网络

5.1 混合动力汽车

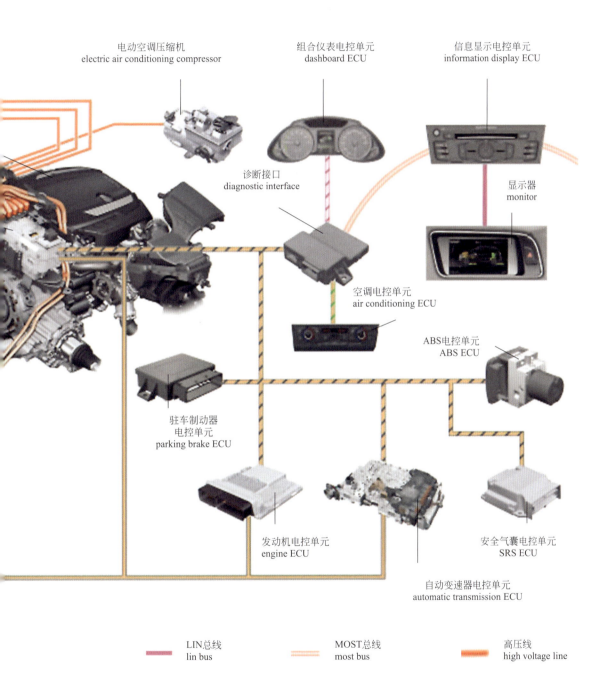

5.1.4 混合动力系统的部件

（1）电动机

电动机的结构如图5-1-11所示，图中的电动机采用水冷方式，集成在发动机的高温循环管路上。转子带有永久磁铁，定子带有电磁线圈。

图5-1-11 电动机的结构

电动机的安装位置如图5-1-12所示。

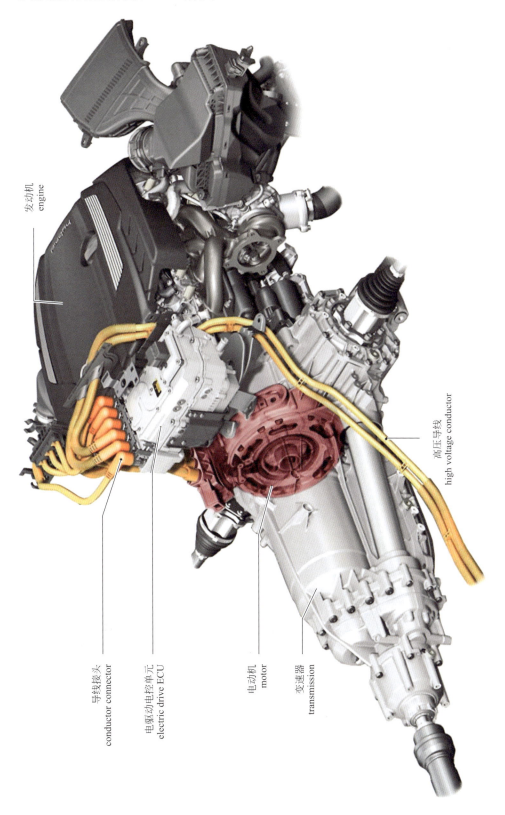

图5-1-12 电动机的安装位置

（2）高压蓄电池

高压蓄电池如图 5-1-13 所示。蓄电池的冷却如图 5-1-14 所示。

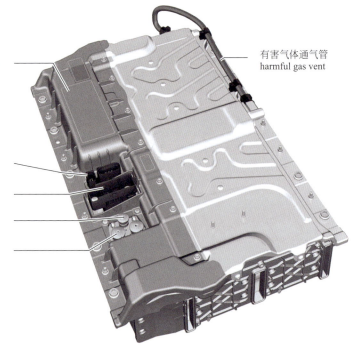

图 5-1-13　高压蓄电池

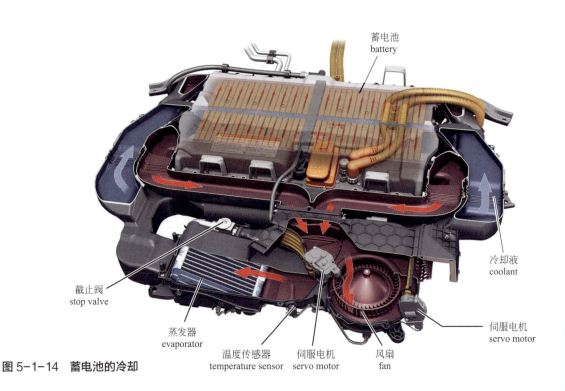

图 5-1-14　蓄电池的冷却

5.1.5 广州本田混合动力系统

第十代雅阁使用了本田最新的第三代i-MMD双电机混合动力系统（图5-1-15）。

图 5-1-15 i-MMD 双电机混合动力系统

双电机是指发电机和驱动电机（图5-1-16）。

图 5-1-16 双电机结构

驱动电机 driving motor
发电机 generator
离合器 clutch

5.1 混合动力汽车

本田混合动力系统有三种不同的运转模式：电机驱动模式（EV Drive Mode）、混合模式（Hybrid Drive Mode）及发动机驱动模式（Engine Drive Mode）。该系统只有在高速匀速的情况下才有可能直接通过发动机驱动车辆，其余情况均是纯电或是发动机发电供电机驱动车辆（图5-1-17）。

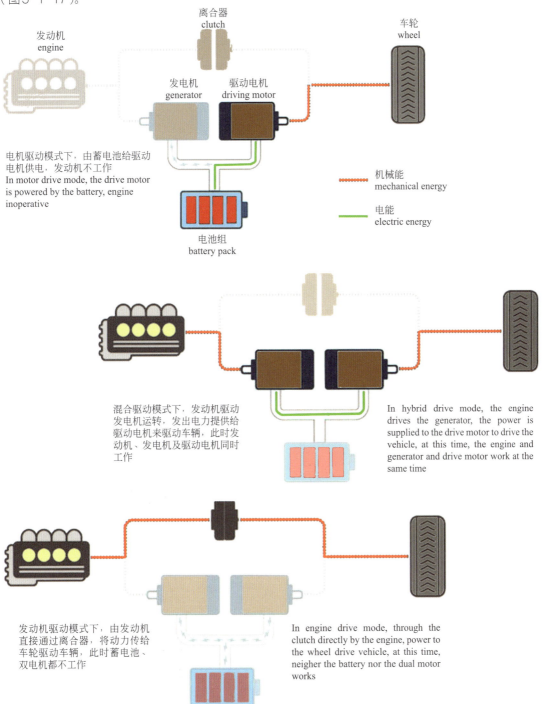

图 5-1-17　i-MMD 双电机混合动力系统工作原理

5.1.6 丰田THS混合动力系统

丰田THS（双擎汽车）是燃油发动机与电动机的一个组合。驱动模式有三种：EV电动模式、ECO节能模式及POWER模式。丰田THS混合动力系统如图5-1-18所示，主要由发动机、电动机、蓄电池、PCU控制单元等组成。

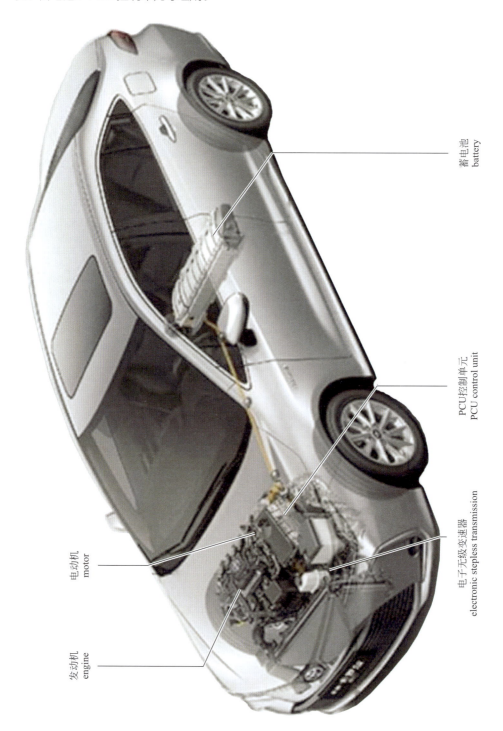

图5-1-18 丰田THS混合动力系统（卡罗拉混动汽车）

双擎工作状态：起步时，电动机单独工作；正常行驶时，以发动机为主要动力源，发动机的部分能量可通过发电机转换成电能，给蓄电池充电；急加速时，发动机与电动机协同工作；减速或制动时，发动机与电动机停止工作；怠速时，蓄电池电量充足时，发动机与电动机全部停止工作，若蓄电池电量不足，发动机运转，给蓄电池充电。混合动力系统组成如图5-1-19所示。

图5-1-19 混合动力系统组成

5.2 纯电动汽车

纯电动汽车（Battery Electric Vehicles，BEV）是一种采用单一蓄电池作为储能动力源的汽车，通过蓄电池向电动机提供电能，驱动电动机运转，从而推动汽车行驶。

5.2.1 纯电动汽车基本组成

纯电动汽车主要由电控系统、电池系统和电驱系统组成（图5-2-1）。

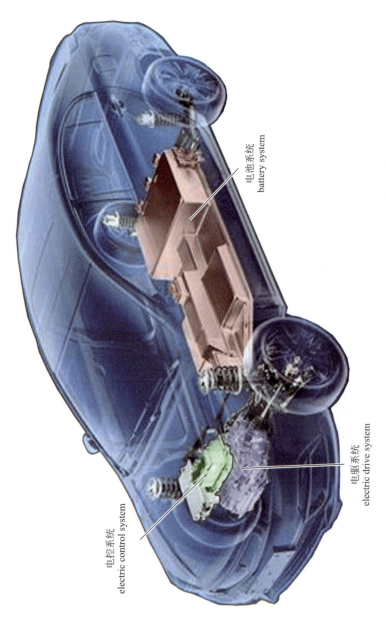

图5-2-1 纯电动汽车的组成

5.2 纯电动汽车

纯电动汽车主要部件位置如图5-2-2所示。

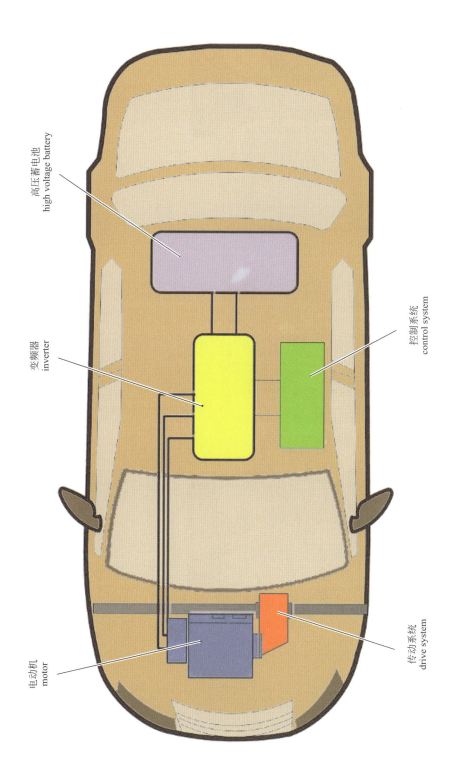

图 5-2-2 纯电动汽车主要部件位置

PART 5 第5章 新能源汽车

吉利帝豪EV300纯电动汽车结构如图5-2-3所示。

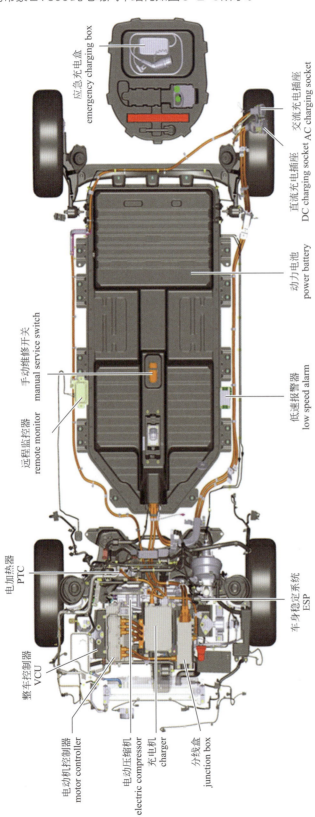

图5-2-3　吉利帝豪EV300纯电动汽车结构

5.2 纯电动汽车

奔驰纯电动汽车结构如图5-2-4所示。

图 5-2-4　奔驰纯电动汽车结构

大众纯电动汽车结构如图5-2-5所示。

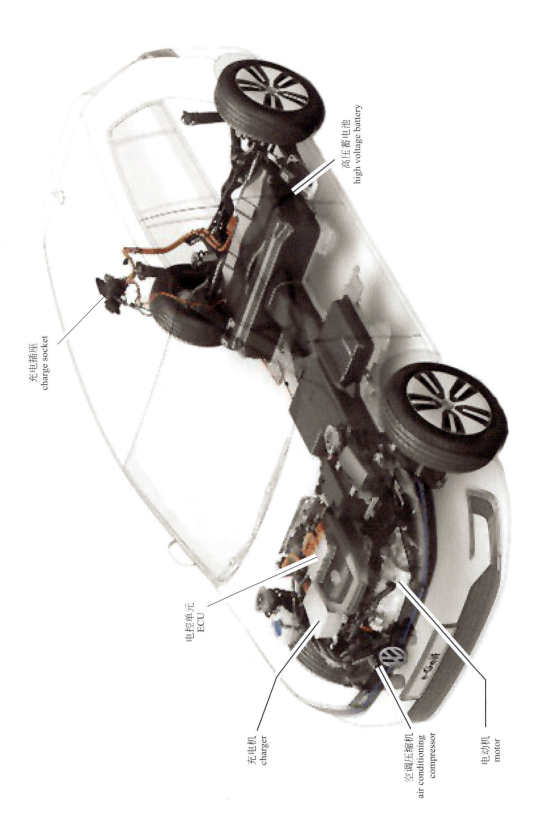

图 5-2-5　大众纯电动汽车结构

5.2.2 纯电动汽车高压部件

纯电动汽车高压部件位置（图5-2-6）。

图 5-2-6 纯电动汽车高压部件位置

宝马i3高压部件位置如图5-2-7所示。

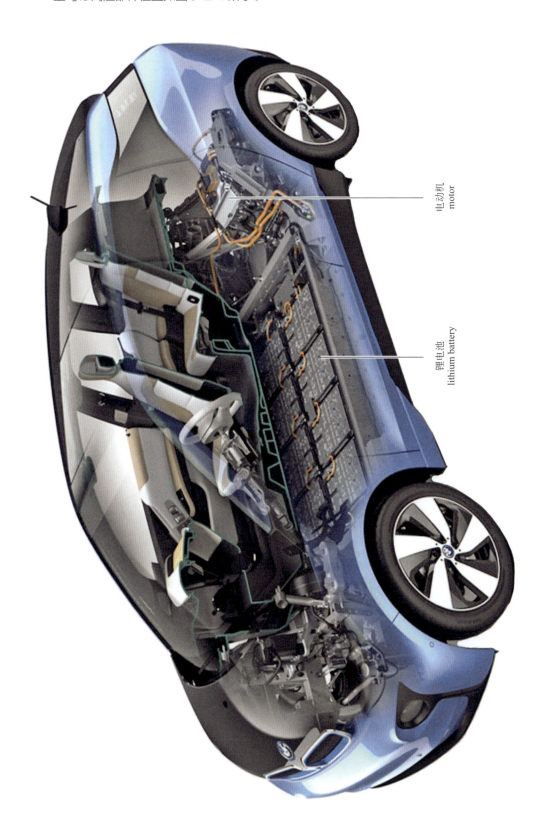

图5-2-7 宝马i3高压部件位置

高压蓄电池分解如图5-2-8所示。

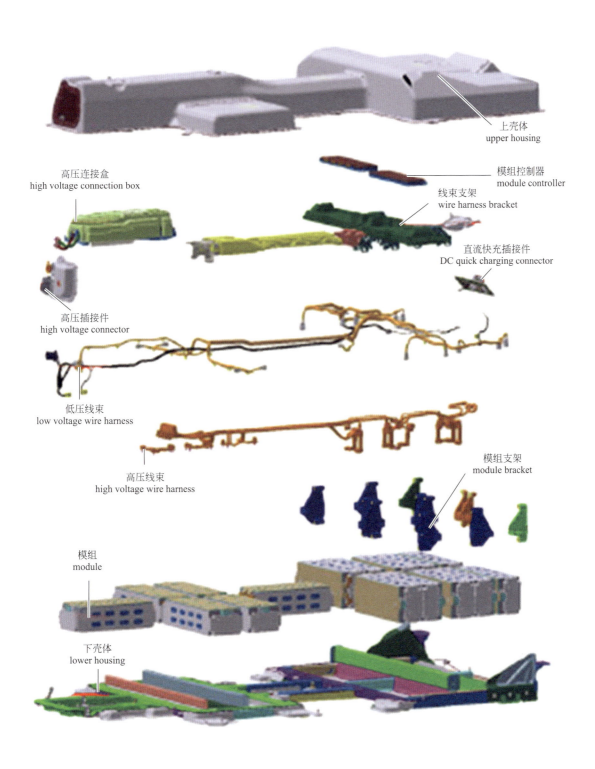

图 5-2-8　高压蓄电池分解

第5章 新能源汽车

大众高尔夫轿车电动机结构如图5-2-9所示。

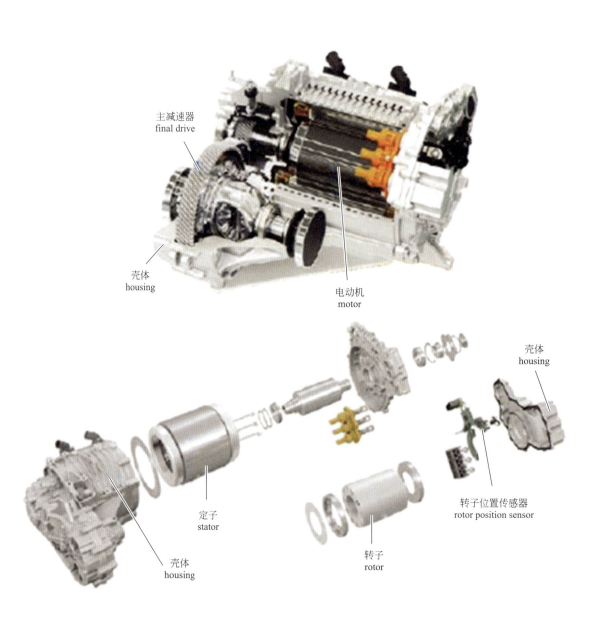

图 5-2-9　大众高尔夫轿车电动机结构

5.2 纯电动汽车

宝马F18轿车电动机结构（图5-2-10）。

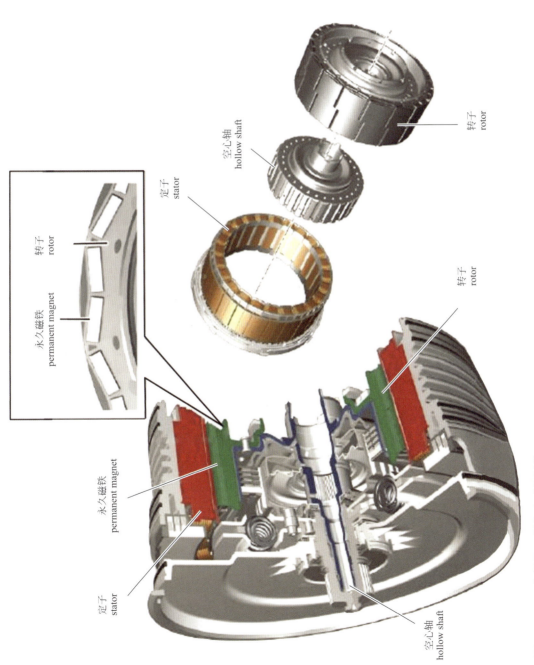

图5-2-10 宝马F18轿车电动机结构

5.3 燃料电池汽车

燃料电池汽车（Fuel Cell Vehicle，FCV）是利用氢气和空气中的氧在催化剂的作用下在燃料电池中经电化学反应产生的电能作为主要动力源驱动的汽车。燃料电池车辆是无污染汽车，燃料电池汽车是一种理想的车辆。

5.3.1 燃料电池汽车基本组成

燃料电池汽车主要由动力源（燃料电池堆）、氢气系统（提供氢气）、动力控制单元、动力电池组（辅助动力源）、电流转换器（交直流转换）、电动机等组成，如图5-3-1所示。

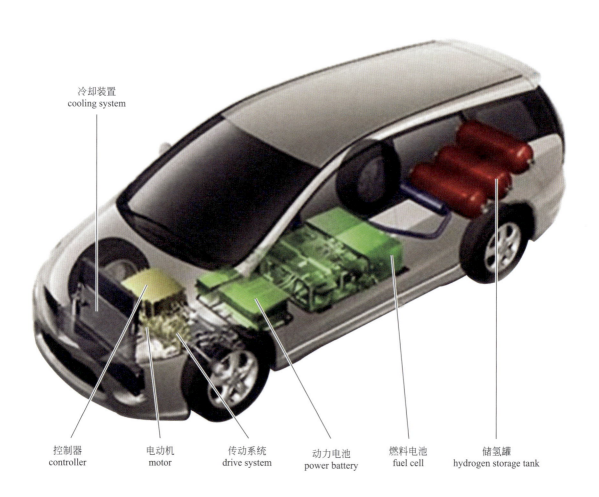

图 5-3-1　燃料电池汽车组成

5.3.2 丰田Mirai氢燃料汽车结构

丰田Mirai氢燃料汽车结构如图5-3-2所示。储氢罐内的氢气压力约为70MPa；燃料电池体积能量密度为3.1kW/L，输出功率为114kW；燃料电池升压器可将电压升高到650V；动力电池为镍锰电池，用来回收制动能量，在加速时辅助燃料电池供电。电动机可由燃料电池与动力电池供电，最大功率为113kW，最大转矩为335N·m。

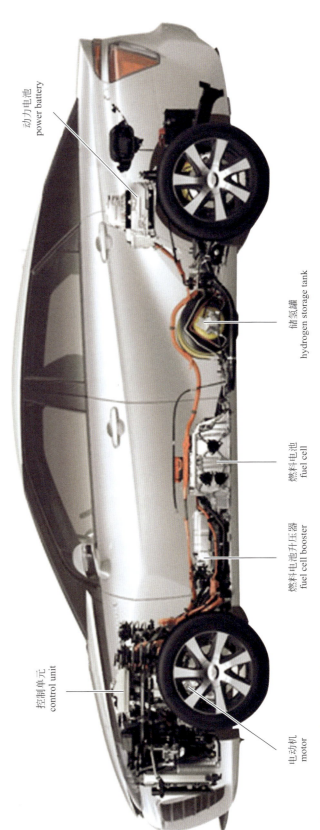

图5-3-2 丰田Mirai氢燃料汽车结构

5.3.3 大众燃料电池汽车结构

大众燃料电池汽车组成如图5-3-3所示。

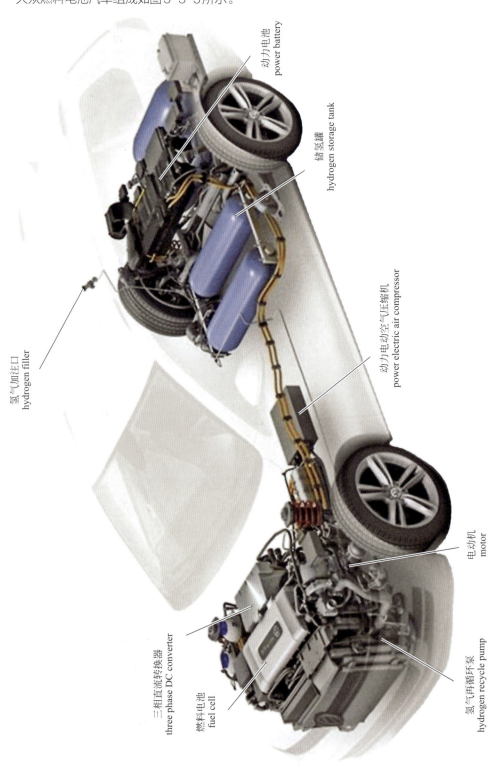

图5-3-3 大众燃料电池汽车组成

大众燃料电池汽车氢燃料系统部件位置如图5-3-4所示。

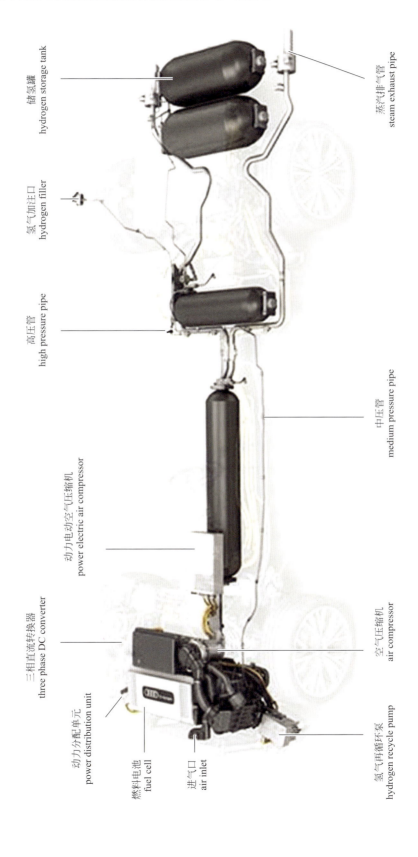

图 5-3-4　大众燃料电池汽车氢燃料系统部件位置

第5章 新能源汽车

大众燃料电池汽车电动系统部件位置如图5-3-5所示。

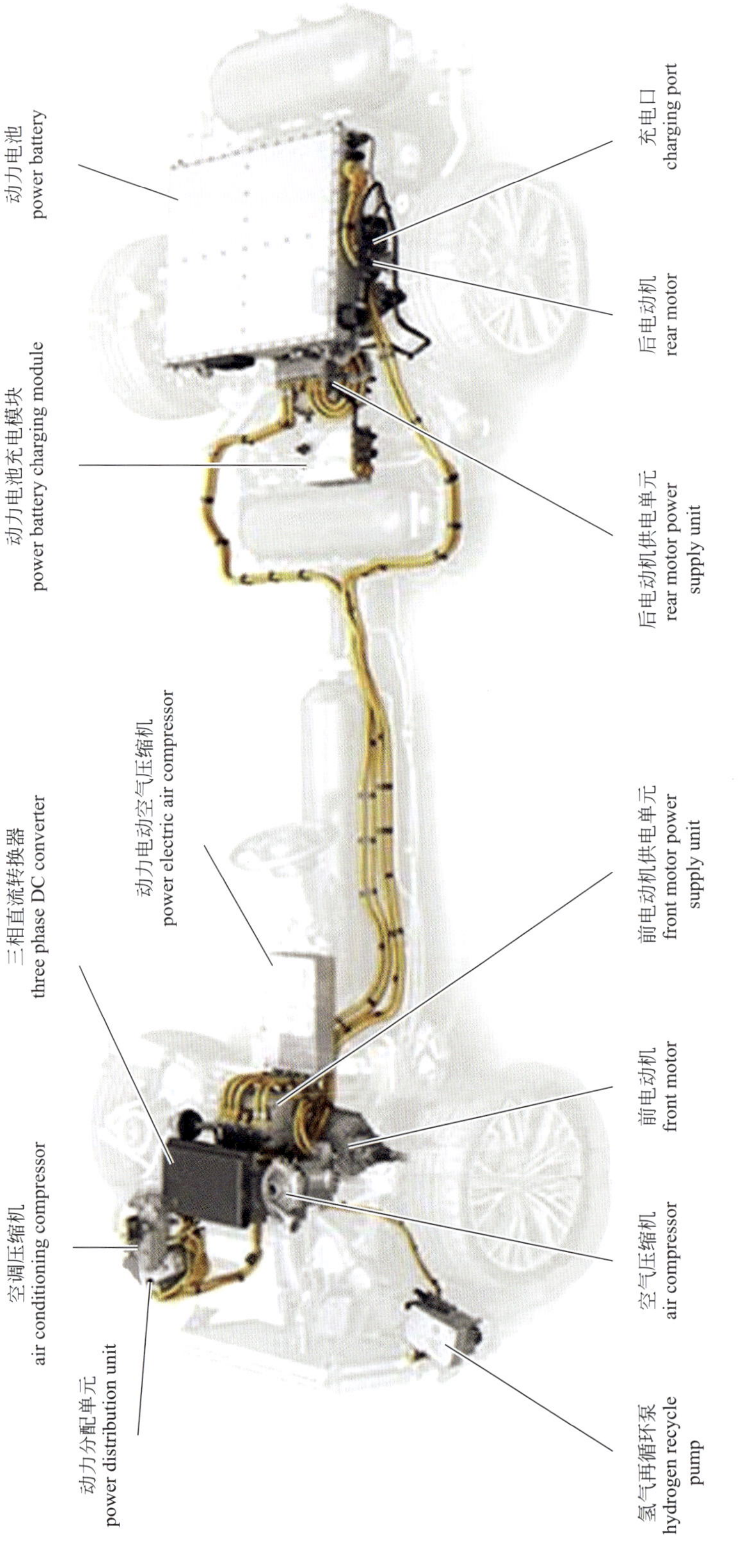

图 5-3-5　大众燃料电池汽车电动系统部件位置

主要部件标注：
- 动力电池 power battery
- 充电口 charging port
- 后电动机 rear motor
- 动力电池充电模块 power battery charging module
- 后电动机供电单元 rear motor power supply unit
- 三相直流转换器 three phase DC converter
- 动力电动空气压缩机 power electric air compressor
- 前电动机供电单元 front motor power supply unit
- 前电动机 front motor
- 空调压缩机 air conditioning compressor
- 空气压缩机 air compressor
- 动力分配单元 power distribution unit
- 氢气再循环泵 hydrogen recycle pump

5.3.4 燃料电池的原理

氢燃料在燃料电池的阳极板，也就是负极，经过催化层中催化剂的作用，将氢原子的一个电子分离出来。失去电子的氢离子通过质子交换膜到达燃料电池的阴极板，也就是正极。游离后的电子不能通过质子交换膜，所以就只能经过外部的通路到达阴极板与氢离子重新结合，在电子的运动过程中在外电路产生电流。这个电流经过逆变器及控制器等装置之后，就能够到达电动机产生动能（图5-3-6）。

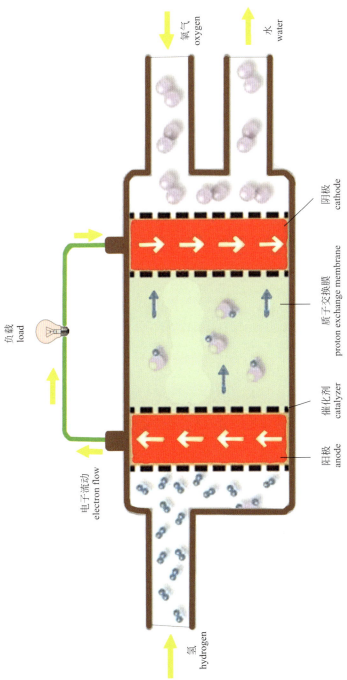

图5-3-6 燃料电池的原理

视频索引

视频内容	视频页码
汽车的类型	002
汽车的总体构造	003
汽车的总体布置形式	004
车辆识别代码	008
四冲程汽油机工作原理	017
气缸体结构	027
活塞连杆组	035
涡轮增压系统组成	094
底盘的基本组成	109
离合器	114
离合器接合状态	120
四轮驱动系统	134
双离合器自动变速器工作原理	154
自适应空气悬架的组成	188
四轮转向系统	207
汽车电气设备的组成	221
电源部分的组成	222
启动系统的组成	226
混合动力汽车基本组成	253
本田 i-MMD 混合动力系统	267

参考文献

[1] 陈家瑞. 汽车构造上册. 3版. 北京：人民交通出版社，1996.

[2] 陈家瑞. 汽车构造下册. 4版. 北京：人民交通出版社，2002.

[3] 瑞佩尔. 新能源汽车结构与原理. 北京：化学工业出版社，2019.

[4] 张金柱. 图解汽车原理与构造. 北京：化学工业出版社，2016.

[5] 吴兴敏等. 电动汽车结构原理与检修. 北京：化学工业出版社，2017.

[6] 吴文琳. 图解汽车发动机构造手册. 北京：化学工业出版社，2007.

[7] 于海东. 透视图解汽车构造·原理与拆装. 北京：化学工业出版社，2017.

[8] 李晗. 汽车专业英语. 北京：中国人民大学出版社，2009.

[9] 金艳秋等. 汽车专业英语. 北京：北京理工大学出版社，2014.

[10] 杨智勇等. 汽车电气系统检修. 北京：人民邮电出版社，2018.

[11] 韩建保. 汽车实用英语. 北京：高等教育出版社，2009.

[12] 杨智勇等. 汽车发动机机械系统检修. 北京：人民邮电出版社，2019.

[13] 陈家瑞. 汽车构造. 北京：机械工业出版社，2013.

[14] 杨智勇等. 汽车底盘机械系统检修. 北京：人民邮电出版社，2019.